ロンドン生活はじめ！

50歳からの家づくりと仕事

井形慶子

JN266878

集英社文庫

はじめに　夢はいつかイギリスの田舎に住むこと

イギリスに魅せられて

二〇代半ば、私はまだよちよち歩きの娘と二人でロンドンに滞在していました。安宿が密集するパディントン駅近くのサセックスガーデンに泊まっていたのですが、日中はそこから逃れるように静かなハイドパークに移動。ミューズハウス（馬小屋を改装した素敵な家）がひっそりとたたずむ高級住宅街を、まるで住人のような気分でベビーカーを押して見物しました。

色とりどりの花を寄せ植えした窓辺の美しさに見入っていると、レースの掛かった窓越しにその家の上品なご婦人と目が合い、バツの悪い思いでそそくさと走り去ったこともありました。

イギリスをテーマにした初めてのエッセイを書き上げる前、お金も仕事もなかった二〇代ですでに私は方々の趣あるイギリスの家に魅せられていました。

スコットランドの孤島に行けば、石積みの家・ブラックハウスに胸を打たれ、ヨークシャーでは草をはむ羊の姿や村の教会に引きつけられ、絵画のような美しさを誇る田園風情に魅了されては、こんなのどかな村で、落ち着いて暮らしてみたいとあこがれました。

それ以降三〇年近く経《た》った現在でも、馬小屋さえ美しい家に改装してしまうイギリス人の家への強い思い入れに圧倒されるとともに、イギリス暮らしへの興味は尽きることがありません。

大好きなイギリスに関する本を執筆し、二〇年以上にわたってイギリス情報誌の編集長兼、出版社の経営者を務めてきました。コテージ風の家を東京に建て、リフォームも七回経験しました。

住宅関係のエッセイを書いている私のもとには、友人・知人からリフォームや家探しの相談も舞い込みます。家に関わることは、たとえ相談でも楽しいものですが、常に頭の片隅にはイギリスに住みたいと思っている自分がいました。

いよいよ人生の半ばに立ち、自分自身を顧みる年代を迎えました。もう本当にやりたい事をやってもいいのではと、今後の暮らし方や仕事を整理しようと考えていた矢先の事、人生はひょんな事から流れが変わるものです。

イギリスに家が持てるかもしれない！

二〇〇八年九月のリーマン・ショックを皮切りに、世界中が不況の渦に巻き込まれました。イギリスの経済も激しく打撃を受け、一六年ぶりのマイナス成長を記録。

そんな折、「ポンドが急落していますよ」と取引銀行の新担当者から知らせが入りました。取材スタッフと共に頻繁に渡英する私にとって、航空券、宿代など、出張費が全て格安になるポンドの大暴落は、うれしい知らせです。

悩んだあげく、思い切って、老後のための貯蓄とマンションを売却した現金を全てポンドに換金したのです。日本円はほとんど手元になくなりました。

こうして新たな一歩を踏み出すと、今まで胸に秘めてきた、イギリスに家が持てるかもしれないという想いが日々強くなってきました。移住するのではなく、定期的に訪れる事にすれば、仕事にも支障はなさそうです。

そんなある日、親交のある女優さんのロンドンのご自宅を訪ねる機会がありました。

日本で活躍してきた音楽家と女優さんご夫妻は、夢をかなえてロンドン中心部に住まいを移していたのです。ご主人は初めてロンドンを訪れたとき、どんなことをしてもいつかここに住みたい、と心に決めたそうです。しかし、日々の忙しさを理由に、夢は先送りとなっていました。そんなご主人に、彼女はこう言ったそうです。

「いつか、いつかと言いつつ時間ばかりが過ぎていく。いったいあなたはいつになったら行動するの?」そのひと言から決意を固めたご主人は、仕事も含めた一切合切の整理をつけました。友人のつてをたどって、二人は念願のイギリス移住を果たしたのです。

この話は私を大いに刺激しました。

訪れた彼らの家は近くに公園が広がり、森の中の一軒家という風情でした。よく手入れされた大輪のバラが咲き乱れ、濡《ぬ》れたように輝く青い芝生は、素足で歩きたくなるほど柔らかく、ご夫妻と向かい合って紅茶を飲んでいると雷鳥が屋根にとまりました。

大都市でありながらこれだけの豊かな住環境を享受できることが、ロンドンの素晴らしさです。庭の片隅では、木漏れ日の中で彼らの幼い子どもが昼寝をしています。羨ましさと同時に、自分がどんどん先を越されていく焦りを感じていました。

そんな折、編集部の若手スタッフが「『ロンドン住宅購入のすべて』という特集を組んだらどうでしょう」と巻頭特集の提案をしてきたのです。たくさんの家を仕事で見ることができるとあって、個人的にもうれしい企画でした。

しばらくのち訪れたロンドンは、これまでと違いぐっと身近に感じられました。編集者ではなく、購入者の目線で、街を見たり人々の話を聞くことができたのですから。

現地の住宅取材によって、イギリスに家を購入するなら、ヒースロー空港から近いロンドンにすべきだろうという決意も固まりつつありました。その候補地がロンドン北部の街、ハムステッドです。中心部から地下鉄ノーザンラインで一五分という近さは、まるで私が暮らす東京の吉祥寺のように思えました。

目抜き通り、ハイストリートには、個性的なブティックやコミュニティーマーケットが並び、ジョージアン様式の建物がヒース（原野）の丘に向かって立ち並びます。一歩路地へ入れば迷路のような小道や苔《こけ》むした石段、古いコテージが不規則に並び、そこはまるで村のようです。

ハムステッドはかつて、文豪や芸術家が多く暮らしたロンドン屈指の高級住宅街。フロイトや詩人のジョン・キーツの家は、現在も記念館として往時をしのばせます。今なお愛され続けるこの街のシンボル、広大な草原が広がるハムステッドヒースの丘には、大小さまざまな泳げる池まであり、夏にはピクニックコンサートも開催されます。この地は大都市ロンドンの生活面でのメリットを合わせ持ちながら、豊かな自然と坂道に立つ古いレンガの家並みがカントリーサイドを彷彿《ほうふつ》とさせる、まさに理想的な街でした。

「こんな所に拠点を持てたらいいですね」

私ばかりかスタッフもこの素敵な街にすっかり魅了されてしまったのです。

　とはいっても、著名人も多く住むハムステッドの邸宅街では、築一〇〇年以上経った瀟洒《しょうしゃ》な家に数億円という値が付き、比較的買いやすい価格の、カップルや投資家に人気の高い二寝室のフラットは、大げさではなく、市場に出るなりあっという間に売れてしまうのです。

　ロンドンの住みたい街が、吉祥寺と違う点は、慢性的な住宅不足による熾烈《しれつ》な競争です。世界の人がしのぎを削って家を買うという感覚が、初めてわかりました。

　住宅購入を決意してからは、半年近くの間、物件情報のサイトを検索し、たびたびイギリスを訪れては内見をする日々が続きました。契約をしようと思った家に横やりが入ったり、契約一歩手前で白紙に戻るなどの紆余曲折《うよきょくせつ》もありました。

「イギリスで家を買うにはお金より忍耐力が必要ですね」と言うスタッフの協力を仰ぎつつ、ハムステッドを走り回った日々は、人生で最も幸せな時間だったと思います。

五〇歳からはじまった私のロンドン生活

　そうして数カ月が過ぎた頃、東京の会社でネットを検索していた私たちの前に、彗星《すいせい》のごとく、あるフラットが現れました。

物件から歩けるところにヒースがあり、ハイストリートや郵便局、駅にも近い。夏にはプラタナスの街路樹が生い茂る、気品あるビレッジの中心です。

「粘れば見つかるものですね。希望していたエリアのど真ん中ですよ」

「ここは駅から近い」、「物件の裏にパブがある」、スタッフみんなでパソコンを見て、この好条件に大騒ぎとなりました。


こうしてついに、二〇〇九年の秋、私はロンドンの北部、ハムステッドに念願の我が家を手に入れました。二〇一〇年に出版した『突撃！　ロンドンに家を買う』（講談社刊）には、このフラットを購入するまでの経緯が詳しく綴《つづ》られています。

購入した家は、ビクトリア時代に建てられた、三階建てレンガ造りの邸宅を八つに区切ったコンバージョンフラット。その最上階、約六〇㎡の二ＬＤＫフラットです。うねった階段を上りドアを開けるとこぢんまりとした玄関が現れ、キッチンとリビング、バスルームと、三方の窓から陽が射し込み、大小二つの寝室からもヒースの丘に向かって立ち並ぶハムステッドの住宅群が見渡せます。初めて過ごしたときに見た紅葉に色づく木々が夕陽を吸い込む様は、まるで夢のようでした。

いよいよ私の時間が巡ってきました。これまでリフォームについてはさんざんイギリスの人々に話を聞かされましたが、これからは少々くたびれた我が家を直していくのです。汚れた壁やカーペットを眺め回し、この小さな空間をどう変えるか、胸が高鳴りました。

若くして海外に飛び立つ人は多いのですが、最近では五〇代、六〇代になってはばたく人も少なくありません。私が編集長を務める「ミスター・パートナー」でも「大人の」「五〇代からの」などのキーワードで留学やホームステイを特集すると、毎回大きな反響があり、驚かされます。子育て、仕事を一段落させ、ある程度の蓄えや人脈も作り、良識や知性も兼ね備えたいいことずくめの熟年世代。誰のためでもなく、自分のしたかったことに没頭できるのが五〇代。それはまさに人生の黄金期です。五〇代に突入した私も思う存分楽しみたいと思っています。

この本には、私のリフォーム体験、そして初めてのロンドン生活のほかに、家族やスタッフとの交流や、隣人との関係作りなど、フラットを購入してからの生活と想いを綴りました。「いつかイギリスに暮らしたい」と願いつつ、人生半ばを迎えた私の、新たな一歩の物語です。

目次

第4章　五〇歳の暮らしと仕事——あらたな出発は毎日用意されている

第5章　日本とイギリス、寄りかからず生きていくために

column

ロンドン
生活はじめ！

50歳からの家づくりと仕事

イギリス全土地図

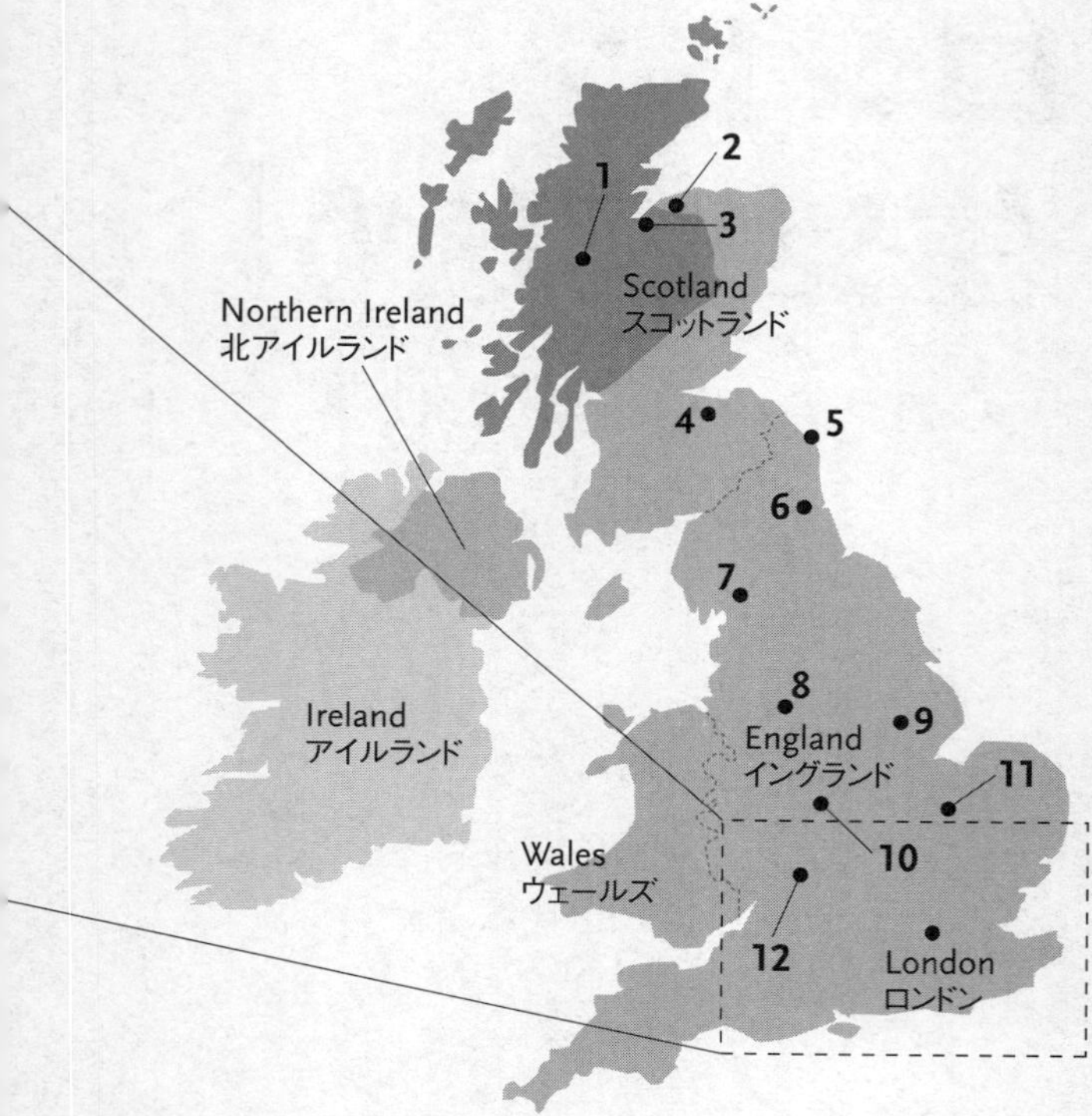

1
2
3
Scotland
スコットランド
Northern Ireland
北アイルランド
4
5
6
7
8
9
Ireland
アイルランド
England
イングランド
11
10
Wales
ウェールズ
12
London
ロンドン

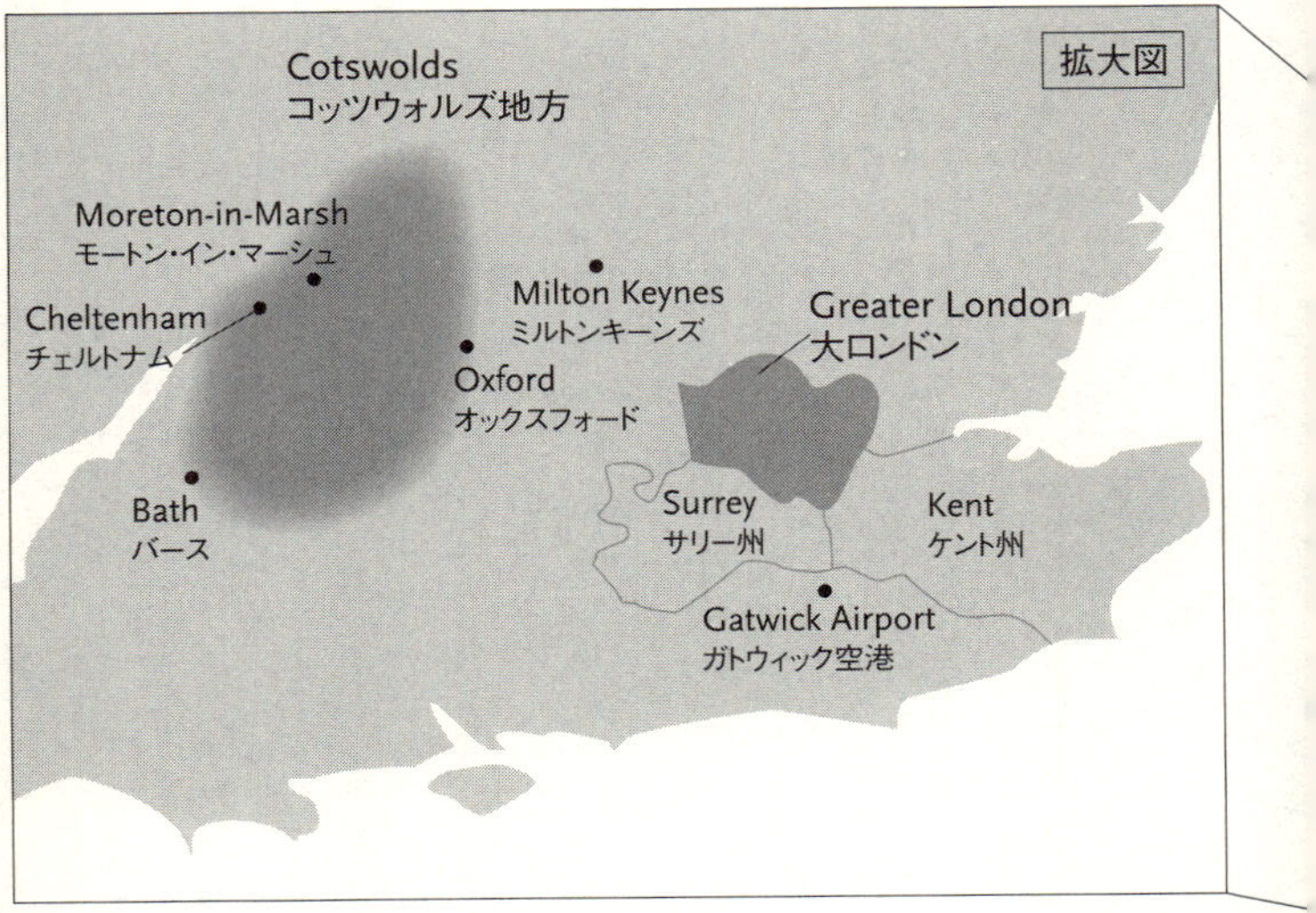

1 ハイランド地方 Highlands
2 フィンドホーン Findhorn
3 インバネス空港 Inverness Airport
4 エジンバラ空港 Edinburgh Airport
5 ホーリーアイランド Holy Island
6 ニューキャッスル Newcastle
7 デント Dent
8 マンチェスター Manchester
9 リンカーン Lincoln
10 バーミンガム Birmingham
11 ケンブリッジ Cambridge
12 コッツウォルズ地方 Cotswolds

Greater London
大ロンドン

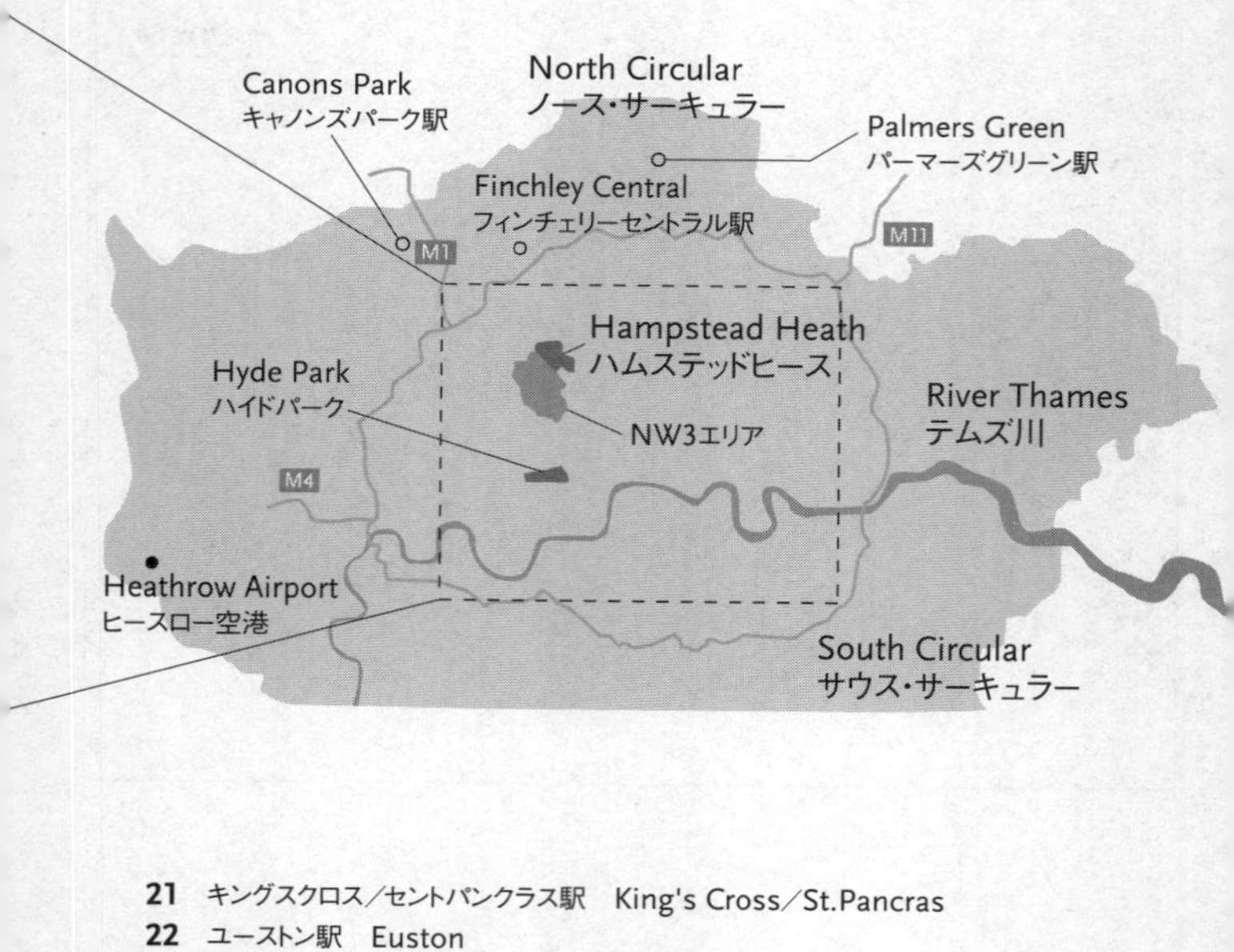

21 キングスクロス／セントパンクラス駅　King's Cross／St.Pancras
22 ユーストン駅　Euston
23 グレートポートランドストリート駅　Great Portland Street
24 ベスナルグリーン駅　Bethnal Green
25 ショーディッチハイストリート駅　Shoreditch High Street
26 パディントン駅　Paddington
27 ピカデリーサーカス駅　Piccadilly Circus
28 ビクトリア駅　Victoria

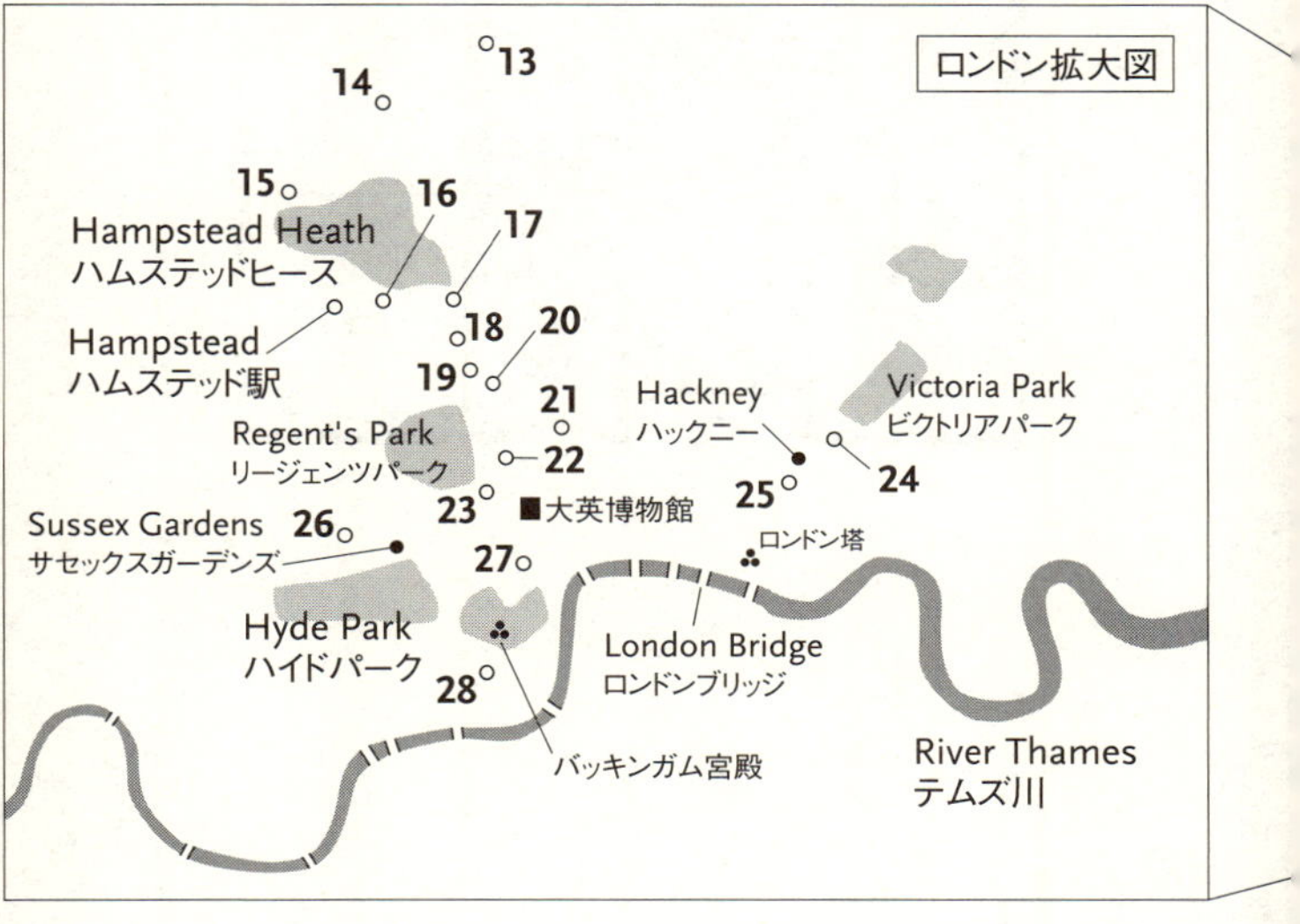

13 マズウェルヒル駅 Muswell Hill
14 イーストフィンチェリー駅 East Finchley
15 ゴールダーズグリーン駅 Golders Green
16 ハムステッドヒース駅 Hampstead Heath
17 ゴスペルオーク駅 Gospel Oak
18 ベルサイズパーク駅 Belsize Park
19 チョークファーム駅 Chalk Farm
20 カムデンタウン駅 Camden Town

ロンドンの我が家、ホーリーロウ間取り

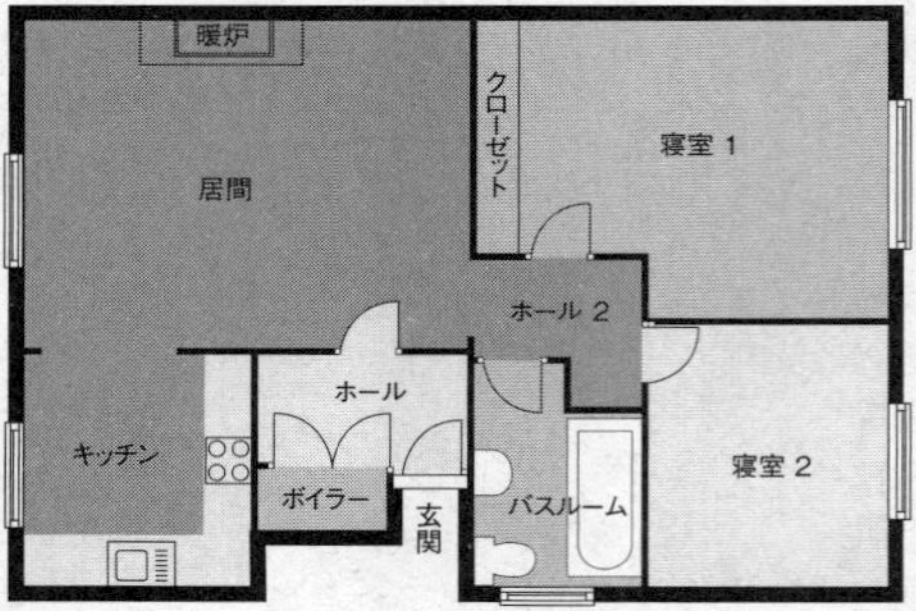

第1章

ロンドンの我が家をリフォームする

ロンドンで迎えた五〇歳の誕生日

売り主の家具や電化製品を格安で引き継ぐ習慣

さまざまな壁を乗り越えて、ロンドン北部のハムステッドでフラットを購入したのが二〇〇九年の一〇月。その後東京とロンドンの間でメールや電話を使って現地不動産会社と打ち合わせを重ね、いよいよ我が家のリフォームがはじまりました。

ビクトリア時代に建てられた築一二〇年になるフラットの工事にあたるのは、妻や弟らと共に小さな建設業の会社を経営している、インド系イギリス人のパラブです。

すでに主要な壁にペンキを塗り終わり、二ＬＤＫの寝室部分は何とか寝られる状態になった段階で、私と編集部のスタッフが現地入りしました。

同じ年の一二月半ば過ぎのことです。

まだ手をつけていない部屋の壁の塗り替え、室内ドアの取り替え、リビングの暖炉の復旧作業、作り付けクローゼットの設置、浴室のタイル工事、ボイラーの取り替えなどやるべき事は山積みでした。

イギリスでは、望めば前オーナーの家具や電化製品を建物の購入価格に乗せて、まとめて買うことができます。私のような外国人にとっては、引っ越し費用が抑えられ、非常にありがたいシステムだと感心します。捨てずにリサイクルされるのですから、まさに一石二鳥です。

ちなみに我がフラットでは居間に三人がけソファ、ダイニングテーブルと椅子四脚、カーテン、コーヒーテーブル、絨毯《じゅうたん》が残されていました。キッチンには冷蔵庫、電子レンジ、洗濯機、食器セット、鍋二個、やかん、トースター、ガラスの花瓶まであります。おまけに寝室にはダブルベッド、鏡、カーテン、寝具一組、ワードローブ、サイドテーブル、スポットライトが二個。

これだけでも、すぐに生活ができるというものです。契約以来二度目の我が家での滞在に、出発前から胸がときめきました。

入国審査の女性から受けた誕生日の祝福

今まで貯《た》まったマイルで席をアップグレードして、今回はビジネスクラスでのフライトです。機内では、さすがビジネスクラス！　という豪華メニューを堪能しました。そんな状態でしたからヒースロー空港に到着した私は、すっかり緊張感を失くしたまま、ぼんやりとイミグレーション（入国審査）の長蛇の列に並びました。

いつもの事ながら、この国の入国審査でたくさんの日本人や外国人に混じって、カメの歩みのような長い列に並んでいると、まるで自分が収容者か難民になった気持ちになります。早く空港の外に出たい、早く家に向かいたい、思う事はそればかりです。

グズグズ審査する係官をにらみつけるアラブ人たち。五輪開催も迫っているのになぜイギリスは自国の玄関口にテキパキさばける職員を増やさないのか、理解に苦しみます。

小一時間ほど並んだ後、「Next」と呼ばれ、やっと私とスタッフの番がやって来ました。いつもながら、やましい事もないのに、緊張します。

伏し目がちに立っていると、私のパスポートをめくりながら、注意深くスタンプを目で追っていた検査局員の黒人女性が「あらまあ」とつぶやきました。

彼女は、続けて明るい声で「Happy Birthday」と言ってくれたのです。

一瞬何の事かわからず、きょとんとしていると、「Congratulations!」と、再び声をかけてくれました。

「ああそうか、今日は私の誕生日だったんだ、忘れていました」と答える私に、そう、誕生日ですよと、満面の笑顔でバンバンとスタンプを押してくれました。

不意をつかれた私は「ありがとう」を繰り返しつつも、このやりとりに「イギリスに来たんだな」と、胸をときめかせました。

携帯をONにすると、編集部からメールが届きました。「クロワッサン・プレミアムよりインタビュー依頼あり。ようこそ五〇代というテーマで」

誕生日に、何と奇遇なでき事が続くのでしょう。そうか、今日はおめでたい日、誕生日なんだ。購入したフラットのリフォーム工事の事で頭がいっぱいだった私は、自分の誕生日をすっかり忘れていました。

今日から五〇歳、人生一〇〇年とすれば、いよいよ私は後半戦に入るのです。しかも記念すべき折り返し地点で、長年夢見ていたイギリスの拠点をリフォームするのですから、何とうれしい事でしょう。

滞在者から生活者へ変わるとき

一〇月に訪れて以来の我が家、ハムステッドにあるホーリーロウ（建物の名前）にタクシーで直行すると、現地管理会社の大親分、ミスター・アル・カポーネの秘書が、誕生日を祝うべくきれいなお花とチョコレートを用意して待っていてくれました。

彼女は厳寒のロンドンで、ボイラーに支障がないか心配していたようです。異国の地ではこういう気遣いが身に染みるほどありがたいものです。

それにしても、改めて我が家を眺め渡すと、リビングには資材や機材が積み上げられ、絨毯には汚れた毛布が敷いてありました。まさにリフォーム中の現場の有り様です。リフォームを頼んでいた建設業者のパラブは、私たちがホテルかB&B（朝食つき宿）に泊まると思っていたそうで、部屋はとても寝られる状態ではありません。

「すごいペンキの臭いがしますね」と言うスタッフ。みんなで部屋中の窓をカタカタと持ち上げて、空気を入れ換えました。

それでも正真正銘の我が家に入り、気持ちは高揚しています。

荷を下ろし、スタッフと共に近所のレストランへ夕食に出かけました。坂の上にある、以前から通っている地元のイタリアンレストランです。みんなは旅の疲れと時差ボケという、イギリス初日特有のけだるさの中に漂っています。

明日からのスケジュールを打ち合わせた後、サラダとパスタで食事を終え、今日は早く休もうということになりました。

工事中のホーリーロウには資材や養生マットが散乱し、毎夜寝床を作るための掃除が日課となった。日本とは全て勝手が違う。

私が「ちょっと、外の空気を吸ってくる」と席を立とうとすると、カウンターの中から店主が飛び出してきました。

「座って下さい。今、立たれては困る」

彼の真剣な表情にポカンとしていると、カウンターの奥からウェイターが二人、ロウソクを立てた大皿にのせてティラミスをうやうやしく運んでくるではありませんか。彼らは歌を口ずさみながら私に向けて「ホラ」と、ハッピーバースデイと書かれたプレートを見せました。

「うわあ！」と歓声を上げる私に、「火を吹き消して」とマネージャーが言います。思えばこの一年、取材がうまくいったとき、スタッフが揉《も》めたとき、キャブを呼んで欲しいとき、何度もこの店に飛び込んだものです。

彼らは私たちを休暇で来ている日本人と思っているようです。なぜ、しょっちゅうこの辺の住宅地をうろついているのか、詳細も聞きません。ただ、何となく顔見知りになり、行きつけになった店です。

「今日は誕生日だと言っただけなのに」と、スタッフも驚いています。

ささいな事の積み重ねですが、後にも先にも、イギリスでこんなに立て続けに歓待を受けた事はありません。もう夢中でいただきました。

しかし、そんな感慨も、「これ、チャージされるんですかね」というスタッフの言葉で吹き飛びました。海外に出るとサービスにお金は付いて回ります。どんなに親しくしてもお金にはシビアというのが欧米人ですから。

けれども明細を見た瞬間、そのような心配は杞憂《きゆう》に終わりました。「あれは当店からのプレゼントです」と、マネージャーは私たちの肩を叩《たた》き、ほがらかに笑ったからです。

ロンドンの我が家で迎える初めての誕生日。三〇年間イギリスに通い続けて、クリスマスをこの国で過ごす事もすっかり習慣となった私です。けれども今回は滞在者から生活者へ微妙に切り替わる瞬間、こういったでき事の一つひとつが、立ち位置の確認につながります。

入管からレストランまで、ささいな事の積み重ねでしたが、現地の人に受け入れられた実感こそ、忘れられない誕生日の贈り物でした。

column

ハムステッドの歴史
なぜ芸術家やインテリ階層に愛される街になったのか

開発が進むロンドン東部に対して、いまだカントリーサイドの雰囲気を現代に残すといわれるエリアが「ハムステッド」です。一棟三億円は下らないといわれる邸宅が趣良く立ち並ぶ高級住宅街でもあり、古くから世界中の文化人をはじめ、知識人、芸能人までもが、わざわざこのエリアに住みたいと名指しするほど憧れのエリアともいわれています。その中には、エリザベス・テイラーやボーイ・ジョージ、ヒュー・グラント、ブラッド・ピッド、ケイト・ウィンスレット、エマ・ワトソンなどといった名だたる著名人たちが名を連ねます。

そんな超人気高級住宅街ハムステッドも歴史をひもといてみると、かつては現代の緑豊かな美しい風景からは想像もつかないほど荒涼とした土地で、作物もほとんど育たない貧しい小さな村だった事がわかります。それが、なぜ現代の高級住宅街へ転身する事になったのでしょうか。そのきっかけになることが起きたのは、今から五世紀も昔にさかのぼります。一六世紀のロンドンでは、人口増加や衛生面の意識の高まりから水の確保が急務となっていました。

一五四四年、北ロンドンの高台からロンドン中心部に向かってゆるやかに下った大緑地、ハムステッドヒースに湧き出る小さな泉の地質調査が行われると、相当量の地下水脈が確認されたのです。産業革命がはじまると大気汚染やテムズ川の水質悪化が深刻になり、豊かな水源確保ができる地域は住民にとって理想の地でもあったのです。

そして一八六〇年、ロンドンからハムステッドに鉄道が開通するようになると、ハムステッドの豊かな水源を求め、労働階級を中心に多くの人々が水泳やピクニックを楽しむため訪れるようになりました。これがハムステッドの素晴らしさを多くの人々が知るきっかけとなり、ロンドンの住宅建造業者を魅了する事となりました。それからというもの、やや南寄りのベルサイズパークからハムステッドをまたぐエリアに多くの道路や住宅が作られ、住宅地としての開発が進められていたのです。

一九世紀には、ロマンチックなアーティストや詩人などが、自然のままのヒース原野を賞賛してこの地に移り住みはじめ、一九三〇年代以降はナチス・ドイツから逃れた知識人や急進派のアーティストたちの隠れ家となり、アバンギャルドなイメージが広がっていきました。

このような歴史を刻みながら、ハムステッドは芸術家やインテリ階級の住宅地として名声を高め、高級住宅地へと成長していったのです。

工事中のロンドンの家で過ごす初めての夜

家を持った喜びを感じさせる暮らしの音

その夜、私はなかなか眠る事ができませんでした。

キッチンカウンターの上には、パラブや職人たちが飲み残したコーヒーカップが放置され、その横にある上部が切り取られたペットボトルの中には白い液体も入っています。最初はペンキか溶剤かと思いましたが、紅茶用の牛乳とわかり、いかにもインド人らしいなあと、呆《あき》れるやら驚くやら。施主のカップを勝手に使うなんて、日本で同様の事が起きたら大クレームでしょう。

彼らが持ち込んだ掃除機でとりあえずほこりを取り除き、絨毯の上にスーパー「セインズベリー」で購入したばかりのふとんを敷いて、スタッフと一緒に寝床を作りました。ベッドは二つしかないからです。シャワーを浴びてベッドにもぐり込んでも、いろいろな事が頭をかすめていっこうに眠れません。

ハムステッドビレッジには小さなコテージ住宅とこのような屋敷が混在する。夜、散歩をすると映画のセットのような壮観さに圧倒される。

外はちらちら雪が降っています。

それにしても漆黒のハムステッドは、道路も建物も凍り付いているのに、セントラルヒーティングによる家の中のふんわりとした暖かさは、何とも心地よいものです。

おかしな話ですが、一〇月に初めてこの家を見たときよりも、ペンキと木くずの入り混じった工事現場で眠る今のほうが、本当にいい家を購入したと実感できます。

キッチンのほうから、スタッフが汚れた服を放り込んだ洗濯機の音が響いてきます。

キッチンに組み込まれた洗濯機の使い方を丁寧に教えてくれたのは、今回リフォームを頼んだパラブの妻だったようです。小柄で利発な彼女に、先に取材のために到着していたスタッフがスイッチの場所や洗剤の入れ方について教えてもらっていたのです。

リフォームで自分の空間を作る

実は住宅購入後、東京からロンドンに連絡を入れるたびに、今さらながら本当に大それた事をしたものだと思ったものでした。電話やメールによる打ち合わせと、何回かの渡英で、本当に骨董品《こっとうひん》のような古い家のリフォームを思いどおりにやれるのだろうかと、心配していました。

時差ボケのせいか、目が覚めると、まだ夜中の二時です。耳をすますと階下に暮らすカップルの話し声がかすかに聞こえてきます。なぜ堅牢なはずのビクトリア調の建物で、下の住人の声が聞こえるのか、不思議です。また階段のほうからも音がしたようで、誰か階段にいるのだろうかと落ち着きません。

後で知ったのですが、音が漏れたのは、のっぺりとした壁をえぐって暖炉の復旧工事をしていた事が原因でした。奥にもぐり込むと大きな通風口があり、そこから階下の音が漏れていたようです。

イギリスの古い家には部屋の数と同じだけ煙突があります。歴史がうかがえる壁の内側にもぐり込むと、角の欠けた古びたレンガがいびつに残されていました。こんな発見の一つひとつが、イギリスの古い家を所有する喜びなのです。

明日は朝からパラブたちと一緒に、貼《は》り替えるカーペットやタイルを探しに出かけます。古い家をモダンな内装にする人もいるようですが、私が目指すスタイルはアンティークや古道具が似合う温かな家です。スタッフも出入りする部屋は将来の事も考えて、個性はほどほどに、メローな白と薄いピンクの二色をキーカラーに改装します。

完成した部屋を想像するとワクワクして、ますます眠れなくなりました。

一〇月に引き渡されたとき、部屋はまだ他人の家でした。これからパラブたちと共に、少しずつ自分の空間を作っていくのです。

枕元のインテリア雑誌や切り抜きを眺めているとアイデアが浮かび、それを書き留めます。海外でもペンとノートさえあれば、どこでも家づくりのアイデアは広がっていくのです。

売り主から家具や食器まで必需品を安く買い受ける仕組みがあるのも、
日英住宅売買の違い。キングサイズベッドもその一つ。

column

ハムステッドヒースの魅力
ロンドンから一五分の距離にある自然空間

ハムステッドまではロンドンの中心部から電車でわずか一五分ほど。近代的でエネルギッシュなロンドンの空気とは一転し、小高い丘の緑が続く閑静な住宅街、それが歴代の文化人たちに愛された街、ハムステッドです。

なかでも、「ハムステッドヒース」は、広さおよそ七九一エーカー（東京ドームの約六八倍）という面積を誇り、三〇個を超える池が各所に点在しています。そのうちの三つはスイミング・ポンド（泳げる池）で、夏場はもちろんですが、冬でも寒中水泳を楽しむ住民の姿が見られるほど。

英有力紙、インディペンデントの「50ベスト・スイミング・プレイス」では全英のプールを押しのけ、一位に輝く実績もあるほどです。エリア別に男性用、女性用、男女混泳用があり、更衣室やシャワー、トイレも完備。年間で延べ二〇万人に利用されています。

それにしても日本人の感覚で「池で泳ぐ」と聞くと、つい危険では？　水質は？　と心配になりますが、実はイギリス人のおよそ一二％の人が、アウトドア・スイミングを楽しむといわれています。水質も専門家が認めるほど良質なため、安心して泳ぐ事ができるのです。

　森林に囲まれ、ときには鴨《かも》や白鳥と一緒に泳ぐ事ができる贅沢《ぜいたく》をロンドンからわずか一五分というエリアで堪能できる、それがハムステッドヒースの魅力の一つでしょう。

　もちろんハムステッドヒースの楽しみはスイミング・ポンドだけではありません。三〇個以上もある池のうち、六つは、釣りを楽しむ事ができるフィッシングエリア。こちらではカワマスが釣れる事もあるそうです。

　また、整備された公園内にはたくさんのサイクリングコースもあります。イギリスの国鉄は自転車を持ち込む事もできるため、遠方から電車を乗り継ぎ、ヒースでサイクリングを楽しむ人もいるほどです。さらにヒースの奥には映画『ノッティングヒルの恋人』のロケ地にもなった、イングリッシュ・ヘリテージでもあるケンウッド・ハウスがあります。こちらではピクニックコンサートなど、年間を通してイベントが盛りだくさん。豊かな自然から、アートまで幅広く楽しめるのもハムステッドヒースの楽しさです。

　窓の向こうの原野は、眺めるだけでも満たされた気持ちになります。

イギリスのリフォーム事情

優秀なリフォーム業者を探すには

外国で家をリフォームするとなると、相性のいい優秀な業者さんをどうやって探すのか、そこがポイントです。

今回リフォームを担当してくれるパラブは、ホーリーロウを管理してもらっている会社から推薦されました。家を購入しようとしていた頃から何度か会っていた彼の、真面目そうな人柄には好感を持っていましたから良かったと思いました。彼は縦にも横にも大きく、まるで力士のようにのっし、のっしと歩くのですが、物腰はとても穏やかです。

これまでイギリスでは、家の工事をする場合、このような口コミも含めた紹介（近所の人や友人による）によって業者を探す事が主流でしたが、インターネットが普及してからは、カスタマーレビューを重視して依頼先を決める人が増えたようです。

しかし、リフォームに付きものの倒産トラブル、特に夜逃げ会社〝A fly-by-night

company（フライ・バイ・ナイト・カンパニー）〃に引っかからないためには、依然として、リフォームをはじめた近所の人に評判を尋ねたり、不動産会社に紹介を受けるなどのほうが安全です。

また、リフォーム会社の斡旋《あっせん》サービスを行っているホームセンターも、多くあるようです。

数年前ロンドンにある友人の家に、突然アイルランド人の職人を名乗る二人組が、「瓦が落ちそうだから安い費用で直しましょう」と、売り込んできたそうです。提示された費用は安く、二人は屋根修理と書いた社用のミニバンでやって来ました。

信用して頼んだところ、しばらくすると二人組の片方が屋根からころがり落ち、友人を驚かせました。それにもめげず彼らは作業を続け、一時間ほど車と屋根を行ったり来たりしたあげく、「終了したので修理代を今すぐ現金で払ってほしい」と言ったそうです。日本円にして一万円程度だったため、友人がその場でお金を渡すと、逃げるように立ち去って行ったとか。

おかしいと屋根に上ってみると、実際にはどこも修理はされておらず、完璧に引っかけられてしまったのでした。

イギリスの職人仕事に学ぶ

イギリスでは大工など個人で請け負う仕事において、往々にしていい加減な職人が多く、正直者で真面目な仕事をする日本人とは比較にならないと聞きます。

このような事から一九六〇年代以降、全国住宅協議会（National House-Building Council）の主導により、詐欺まがいの業務を取り締まるための保証制度が導入されました。それによって不当な広告や手付け金の持ち逃げを行った会社は、裁判所から営業停止が下り、それでも業務を続ければ罪に問われ、逮捕されるのです。また住宅に欠陥が見つかった場合は、工事を行った会社が無償で補修を行う事が義務づけられました。

拙著の『突撃！　ロンドンに家を買う』の中に、住宅売買において売り主と買い主の弁護士が深く関わる様子を書きました。イギリスに、日本では考えられない法に守られた家づくりの仕組みがあるのは、言語や文化の違うさまざまな国籍の人々がせっせと買い換えを繰り返す多民族社会だから。そして、それは購入後のリフォームでも同様です。

たとえばロンドンの配管業者に多いのはポーランド人、イタリア人、インド人で、彼らが運営する、仕事の向上を目指したサイトも立ち上げられています。

少々アバウトな比較ですが、二〇〇九年度に発表されたイギリスの職種別平均年収を見ると、大工の年収は二万八三五〇ポンド（四二五万二五〇〇円）で、地方公務員・事務職の約二五五万円より良い待遇です。

「家は我が城」と呼ばれるほど家に愛着が強いイギリスで、住宅に関わる仕事は不滅です。国民の大半が築一〇〇年以上経つ超中古住宅を直して住むのですから、腕と評判が良ければ仕事はひっきりなしに来ます。

一般の人がＤＩＹに励み、せっせと家を直すときも、肝心な箇所では大工、配管業者、電気業者、家具職人などプロの手助けが必ず必要になるのですから。

日本では、この工務店がダメなら他があると、どこかにゆとりがありましたが、ここは異国のロンドン。法律も違えば、滞在期間も限られているとあって、緊張もあるものの、何ごとも経験とパラブたちと共に動いて一部始終を見る事に決めました。

今までわからなかったイギリスの住宅についても存分に学べる、一生に一度あるかないかの貴重な機会なのですから。

なぜロンドンでは何ごともスムーズに進まないのか

必要な部材は日本から発注

私が購入したロンドンのフラットは約六〇㎡の二LDKですが、日本の同じサイズのマンションよりもはるかに広く感じました。玄関や寝室の前にあるホールと呼ばれる廊下がゆったり感を出しているせいでしょうか。ビクトリア時代の住宅は、現代の家に比べ天井が高いため開放感があるので、人気が高いのです。

まだ手をつけていない工事はごく基本的なものです。予算の関係もありましたが、もともとの家のレイアウトが使いやすく、とても気に入っていたため間取り変更はやめて、その分、インテリアに集中する事にしました。

日本を発つ前の数週間に、管理会社の担当者の協力も得て、クリスマス前に工事があらかた終了するように、室内ドア、ドアノブ、ペンキなど、取り寄せられる部材・建材は全て注文を入れてありました。ロンドンに着いてから部品を調達していたのでは、クリスマス休暇前という事で、なかなか進まない事がわかっていたのです。

打ち合わせに訪れたパラブは、まだ一〇代の娘のように童顔で小柄な妻、ラニを伴っていました。たとえれば力士と中学生といった感じです。聞けば、彼は三〇歳、妻は二五歳という事でした。夫の仕事場に臆することなく付いてくる妻。インド人といえどもイギリス社会で育った彼らは、常に行動を共にしています。

今日は彼らと工事に必要なものを買いに行く日です。

シミだらけのカーテンを一日も早く取り替えたかった私は、カーテンポールを北部のアウトレットで買おうと決めていました。

ポールの取り付け位置を決めると、パラブはもう一度採寸するように私にアドバイス。彼にならって全ての窓の寸法を測り直しました。

「今日の買い物に同行するための費用はどうなるのですか？」

車を運転してもらう上、一日がかりとあって本人に確認しましたが、工事費に買い物同行の費用は含まれているとの事。日本に送られてきた契約書、工事内容、各コストが細かく記載された書類を頭に叩き込んできた私は、とりあえずホッとしました。

金額に関わる類の事は何ごとも確認したほうが賢明です。

東京でも、老朽マンションなど手のかかるリフォームを経験した私は、行き違いを避けるため追加工事で水増しされないよう、何かと変更するごとにその費用を尋ね、メモする事を習慣にしていました。ところが、真面目なパラブは、部品を替える事で安くなるちょっとした工事費も正確に値引きして書類に記載してくれるのです。逆に驚かされました。

海外に出て身を助けるのは、肩書きや収入よりも、料理や手仕事など、日本で身につけた技能と聞きますが、あまたのリフォーム経験は、海外でも通用する私のスキルかもしれません。

スムーズに事が運ばない

パラブの運転する自家用車に乗って、私と編集部きっての家好きな部長は、イーストフィンチェリーにあるカーペット店に向かいました。ハムステッドの坂道には雪が積もっています。助手席にはよそ行き顔のラニも乗っています。

創業約二〇〇年のこのカーペット店をネットで見つけた私は、料金交渉も含め日本から何度も連絡を入れ、予算内のものである程度品定めをしていました。ところが店に入るなり、取り澄ました表情のマネージャーが電話とは違うサンプルを並べて、あなたの求めるものは予算の倍出さないと買えないと言うのです。

ポリエステルやアクリル素材のカーペットは毛玉ができやすいので、毛足の長いウール混のふわふわしたツイストカーペットにすると決めていました。しかも色は淡いサーモンピンク。

ロンドンで流行っているウッドフロアにしなかったのは、購入したフラットが最上階なので、階下へ足音が響くことを気にしたのと、とにかく温かみのある住まいを目指したからです。再三伝えていたにもかかわらずマネージャーは値引きできない高額のものか、毛足の短い硬いカーペットを勧めてきます。

パラブが店の奥から見つけてきたサンプル帳についても、ボスに聞かなければ価格が出せないの一点張り。さらに「クリスマス前はどこもメーカーは休みなんだ。しかもこの雪とくれば、ハムステッドまで配送できる人を探さなくてはいけない」とブツブツ。あれほど事前に確認を入れたにもかかわらず、来店すると話が違う事が、イギリスではよくありがちです。

仕方がないので注文は保留にして、他を当たる事に決めました。

それにしても旅行から買い物まで、イギリスではクリスマスを挟んで何かをするというのは、大変な事です。毎回冬の取材でB&Bを探すときも、嫌というほどあちこちで「クローズ（お休み）」と言われ、思い知らされてきたのですから。

ノースフィンチェリーにあるカーテンファクトリーでポールを見つけた後、パラブがランチを摂りましょうと提案してきました。近くのショッピングモールに車を停《と》めると、若い人でにぎわういくつものレストランがありました。宗教の関係で食べられないものがあるかと心配し、何がいいかを尋ねると、案の定「私たちは肉は食べません」と、ラニが言います。

「こちらの事より、あなたがたで好きな店を決めて下さい」という控えめな彼の物言いに、同じアジア人だなぁと、親近感を覚えました。

結局、私たちはラニが勧めるバーガーショップに入ったのですが、メニューを決めたら、ここは私が払いますという申し出に再び驚きました。

カウンター前は混み合っていましたが、二人仲良く話しながら支払いの順番を待つ姿に、自己主張が当たり前のイギリスで、自分の娘と同世代の若いカップルの気遣いに頭が下がる思いでした。

インド系イギリス人青年の向上心

二五歳で独立したパラブの才覚

イギリスが大好きなくせに、私自身どこかで欧米人を苦手としていた時期が長くありました。今でも北アイルランドやウェールズ、スコットランドの僻地《へきち》に行くと「イングリッシュは高慢ちきで付き合いづらい」「イギリスの中でもイングリッシュだけは別格。自分が特別だと思っている」との声をよく聞きます。

広い意味で、私も彼らと似たような感覚をイギリス人に抱いていたのかもしれません。ロンドンでも移民と呼ばれる人々、特にアジア系イギリス人とは気後れする事なく付き合えるのですから。

パラブ夫妻と共に買い物をしていた私は、彼がどのような道を経て今のビジネスを確立したのか、とても知りたくなりました。

インドの北西部、グジャラート州出身のパラブの父親は、一九六〇年代後半、旅行でイギリスを訪れ、この国に移住する事を決めたとか。当時インドからの移民は多く、それは特別な事でもなかったようです。その後、二五年以上建築業に携わった父の元で、彼は子どもの頃から仕事現場を見て育ちました。

そんな彼が父親の仕事を手伝うようになったのは、二〇歳になってから。父親は兄と共に働いていたため、彼は違う会社で働きつつ繁忙期になるとマネージャー代わりにタイル職人やキッチン設備の職人など、八五人の従業員をまとめていたそうです。

勤めていた会社で、パラブは一カ月平均、二〇件のフラットのバスルームやキッチンのリフォームを請け負い、あるときなど、地方自治体の仕事で、六カ月間、四〇〇件のフラットを手直しした事もあったそうです。彼のリーダーとしての才覚を認めた人々は、パラブに職人の道を目指すのではなく、現場監督になったほうがいいとアドバイスしたとか。

周りの推す声もあり、彼は勤めていた会社を辞め、二五歳で独立。ところが、会社をはじめたものの顧客もなく安い仕事を大量に引き受けなければならず、収支が釣り合わない苦労に直面します。

「ロンドンで生きていくにはとてもお金がかかるのです。だから、きた仕事はどんどんこなして自転車操業。それでも資金が不足したら銀行に行って借りなければいけない」

パラブの言葉はずしりときました。誰かの下で働いているときのほうがはるかに楽で、ストレスも緊張もなかった。自営の難しさを二〇代で経験した私には、彼の気持ちがとてもよくわかりました。しかも、ここは世界中から集まってきた人がしのぎを削る大都市、ロンドンです。

はたして彼に転機が訪れたのは、インドの不動産会社が抱える顧客との出会いでした。日本の企業をはじめ、いくつかの優良不動産会社を紹介されたパラブは、その真面目な性格と誠実な見積もりが評価され、次々と顧客を開拓していきます。そして現在では、賃貸物件の専任業者として一五〇近い物件を管理するまでになりました。

パラブは現在、弟と共に会社を運営しています。従業員を一五人抱え、大きな仕事が入れば、自営の職人を集め四〇人近いチームを組む事もあるそうです。

そんな彼の学歴を尋ねたところ、「実は、今学校に通っている最中です」と言うのでびっくり。弟は電気に関して、パラブは配管とガスシステムを現在専門学校で勉強中とか。

「ガスと電気、これがイギリスで住宅業界に関わるためには最も必要とされる専門知識なんだ。どんな物件も賃貸に出すとき、専門業者による証明書の提示が必須だからね」

それにしても、従業員を抱えて会社を運営しながら学校へ通うなど、大変な事です。

「弟と代わるがわる現場に出るなど、工夫が大変ですが、六時からはじまるイブニングクラスと昼間のクラスを組み合わせれば何とかなりますよ」

キャリアのための勉強ではなく、全ては同業者との競争に勝ち抜くため。すごい向上心だと思いました。

差別をどう乗り越えるのか

二五歳で社長と聞けば起業家というイメージが付きまとい、どこか軽い印象が拭えませんが、パラブと話していると地に足が着いていると感じました。この〝ぶれない〟感覚をいったいどうやって培ったのか。彼のもともとの真面目さに加え、弱肉強食、競争社会のロンドンという厳しい環境がそうさせるのかと、改めて考えさせられました。日本でゆとり世代といわれる若者との接触が多い私には、カルチャーショックですらあったのです。

実は独立する前、ＩＴの勉強をしていたパラブは、その道に進もうかと考えた時期もあったようです。けれど、イギリスのＩＴ産業は半分以上がインドなど他の国に流出していたため、自分の進路を変えたのだと言います。もちろん妻ラニの事もあったからで

いつも共に——Being togetherと言う英国夫婦の典型のようなパラブとラニ。人種を越えて価値観が浸透する英国社会の形。

しょう。

二人はラニが一五歳のときからの付き合いで、彼が独立して間もなく結婚。現在経理を担当するのは彼女の役目ですが、今日のようにいつもパラブの現場に顔を出しては、夫の世話を焼いているようです。タイル店、ホームセンター、照明の問屋など、この日も彼女は最後までかいがいしく付き合ってくれました。

数年前に行われた、あるチョコレート会社の人種別貧富の分布調査によると、イギリスで一番貧しいのは白人のイギリス人、二番目はインド系イギリス人でした。イギリスに住むインド系イギリス人の多くは、ロンドン、マンチェスター、バーミンガムなどの大都市で暮らしています。八〇年代後半から九〇年代初頭にかけては、インド人の名前 Patel（パテル）が、イギリスのスミスという名より一般的といわれていたほど、その数は多かったそうです。

にもかかわらず、インド系イギリス人に対する差別はいまだ残っており、それは彼らの仕事にも影響しています。イギリスでは多くのインド人は商店のオーナーとなり、〝新聞の売店や小さな食料雑貨店、レストランを営む〟という固定観念が存在します。

フィリップ殿下（エリザベス女王の夫）が、子どもたちのために建てられた学校を訪れた際、壁からワイヤーが飛び出しているのを見つけて、「あらら、まだ工事が終わってないね。きっと、インド人が工事したんだろう」と冷笑したというエピソードもあるほどです。

建築に関わる下請け業者には〝Paddy（パディ）〟というアイルランド系への侮蔑の言葉が使われる事もあり、経験のない、ダメな大工や配管工というレッテルを貼られます。多くのインド系イギリス人がパラブのように建設業に従事しますが、パラブの仕事ぶりを見るほどに、その道のりは平坦ではなかったはずと想像してしまいます。

column

移民労働者の歴史
ロンドンにはなぜインド人が多いのか

移民大国として知られるイギリスですが、とりわけ多いのがインド人の移民やインド系イギリス人。近年行われた国勢調査によれば、ロンドンに住むインド人の移民数はおよそ四三万七〇〇〇人にも及ぶと発表されました。ロンドン全人口の五・七パーセントに当たります。

もちろんこれは、かつてインドがイギリスの植民地であったという歴史と深い関係があります。

一六〇〇年代、イギリスはインドの植民地化に力を注ぎました。英語教育の実施やイギリス的司法制度の導入、近代的な地租制度の採用、鉄道や道路の整備、水路の建設など、インドの近代化を進める事でインドの伝統的な社会慣習や生活基盤を整えていったのです。

また一方で世界貿易が盛んに行われるようになったため、アジアとの貿易を独占的に行う特許会社「東インド会社」を設立。エリザベス女王が東インド会社にインドからの香辛料や絹の受け取り（輸入）を許可した事から、イギリスとインド間では貿易が盛んに行われるようになりました。

しかし、同時に船員不足にも悩まされる事になります。当時イギリスからインドへ渡る船旅は過酷で疲労が重なり、イギリス人船員たちの中には病気になる者が続出したのです。なかには航海中に命を落とす者も少なくはなく、その労働力の代行としてLascar（ラスカー）と呼ばれる船員がインドから多く雇われる事になりました。

ところがラスカーは短期契約が主なため、イギリスに到着してしまえば次の出航までインドに帰る事はできず、イギリスでの生活を余儀なくされたのです。

そんな彼らの苦境が心配され、一八五七年、外国人住宅「Lime house（ライムハウス）」がオープンしました。ここは、船員たちの仮設住宅として活用され、徐々にロンドンに移り住む人が増えていきました。そうした理由から昔のインド人街というのは、港町に多かったのです。

その後、一九世紀にはイギリスがインド国内の領土を増やし、ついに統治国となりました。自ら仕事を求めて渡英するインド人も現れ、約四万人ものインド人がイギリスで暮らすようになり、そういった人々は、船員のみならず、学者や役人、事業家としても活躍したといいます。

イギリスの美しい住宅に使われているインド製品

好みの部材は自分で探す

日本でリフォーム工事をするとき、工事のスケジュールと私自身のこだわりとの狭間で、部材集めにはいつも苦労させられました。タイルや壁紙など現物を即、工事現場に持ち帰りたいのに、メーカーから取り寄せないと在庫がないと言われ、四苦八苦したものです。

イギリスには幹線道路沿いにインテリアに関するさまざまな問屋やホームセンターが立ち並び、安くて豊富な建築資材や部材がよりどりみどり揃《そろ》っています。

家を持っていなかった頃は見向きもしなかったのに、いざロンドンでリフォームをはじめると、これらの店はとても便利なものだと実感しました。

ただし、一軒一軒回るためには、車と地理に詳しい人の同行がなければ到底無理。そういった意味でもパラブは強力な助っ人でした。

幹線道路沿いのタイル店には、プロ・アマ問わず大勢の客が詰めかけていた。欲しいデザインが種類豊富に置かれ、価格も安い。

今回、バスルームの壁面にはスコットランドの工房から取り寄せたタイルを使おうと決めていましたが、それ以外に縁取りやベースに使う天然石のタイルが必要でした。全てをパラブに任せてしまえば色や質感がちぐはぐになる気がして、自らも探す事にしました。

パーマーズグリーンのタイル問屋は在庫が多いとパラブが言うので出かけてみると、二軒目にして欲しかったタイルのほとんどの種類が見つかりました。なかでも最も欲しかった御影石《みかげいし》（granite）の売れ残っていたタイルは、格安で譲ってもらえました。しかもパラブがディスカウントカードを持っていたため割引されて、一箱分一〇〇〇円程度。安さもさる事ながら、欲しい部材をすぐに車に積んで持ち帰れる手軽さは、限られた時間内でリフォームを仕上げていた私にとって大助かりでした。

インド製品は品質が良い

ところで、一〇年前に東京・吉祥寺に自宅を新築したとき、コストダウンのために私は中国製のアンティークレプリカの照明を数多く使いました。見た目にはフェイクとはわからないくらい装飾性の高いデザインなので、これで良しとしたのです。同じような話として、イギリスではインド製のものが重宝されています。

吉祥寺の家を建てた後、ロンドン郊外サリー州に暮らす女性作家が、老朽化したビクトリア時代の戸建てを買って丸ごとリフォームしたときの話を聞きました。彼女はドアノブから照明まで、リフォームに必要な部材を全てインド系イギリス人の店から買ったそうです。本物のアンティークではないものの、見た目にはさほど変わらず、何より自分の予算内で理想とする空間ができ上がったと喜んでいました。

インテリアが大好きなラニがこう教えてくれました。

「わざわざ部材や家具をインドに買いに出かける人もいるくらい、ロンドンでいいなあ、安いなあと思うもののほとんどはインド製なのよ」

ところが人件費が安いインドでできた物も、イギリスに来るやいなや値段が高騰します。たとえばハンドメイドのテーブル一つとっても、インドでは八〇〇ポンド（一二万円）が、この国に入ると六〇〇〇ポンド（九〇万円）とたちまち高級家具になり、庶民の手に届かぬ物となってしまうというのです。

パラブ夫妻に案内されたゴスペルオークの小さな照明店は、そういう現実に反して、とてもリーズナブルなものが揃っていました。私が見つけたスタンドは、本物そっくりの枯れ枝の先に小さな電球が付いたディスプレイ感覚の Tree Table Lamp というもの。

デパートやインテリアショップで見ると二〇〇ポンド（三万円）近い値段だったのに、ここではわずか二五ポンド（三七五〇円）。暖炉の横の収納棚、カボットの上に置くのにぴったりなので迷わず購入しました。

実はこれもインド製。店主のインド系イギリス人は、輸入元から商品を卸してもらって販売する小売業者で、リテイラーと呼ばれる小さなこの店を長年経営していました。他店では正規料金で販売するのに、この店では展示品だからと更に価格を下げてくれたのです。

イギリスの人々から、インド人は品質について嘘《うそ》をつかない。だからメイド・イン・インディアは信頼できるとの評判を聞くにつれ、イギリスの美しい住宅にインド製品が深く関わっている事実が見えてきたのです。

第2章

理想の住まいへ

――リフォーム工事の極意

英国人はなぜリフォームが大好きなのか

古い家のどこをリフォームするのか

ハムステッドの我が家でリフォームに立ち会ううちに、イギリスで最もスタンダードなリフォームがわかってきました。

第二次大戦後、社会が復興するにつれて、一般の人たちの中にも投資目的で住宅を購入する人が増えてきました。老朽化したフラットをなるべく高い家賃で貸し出せるよう近代的にリフォームして、そこそこの賃貸収入を得る事が定着してきたのです。これらのフラットは、モダナイズされたフラットと呼ばれるものです。

イギリス人のリフォームしたい設備のベスト4は次のとおりです。

① バス、トイレの交換・設置

② セントラルヒーティング（暖房設備）

③　窓をダブルグレイジング（二重ガラス）に
④　タンクの交換（たっぷりお湯を溜《た》めるため）

ちなみに日本では配水管、耐震、浴室＆キッチンが、マンションリフォームの首位に挙がります。

私がイギリスを初めて訪れた一九歳の頃、ロンドンのホテル街を歩くと、「セントラルヒーティングあり」という看板がＢ＆Ｂや安ホテルに出ていたのを思い出します。あの頃は壊れかかったようなガスストーブにコインを入れて、一時間だけ部屋を暖めるといった貧相な暖房設備が多かったので、セントラルヒーティングは旅行者にとって大変魅力でした。いつでもふんわりと暖かなセントラルヒーティングは、昼の短いイギリスの冬を快適に過ごすためになくてはならないものです。

また、イギリスの家で一番ネックなのがお風呂です。私のフラットでもスタッフが複数人同時に寝泊まりするため、一人がシャワーを浴びたら、もうお湯がなくなったと騒動にならぬよう、早々に大きなタンクに交換しました。

一九六〇年代、英国政府は公営住宅の風呂、トイレの修復費用を補助しました。古い住宅なら建て替えればいいものを、なぜ補助金を出してまで修繕を行ったのでしょうか。

住宅リフォームは財テクになる

実は当時イギリスでは、ロンドンから北西へ七〇キロほど離れた街ミルトンキーンズなどのニュータウンの開発とともに、新しい住宅が建設されていましたが、新しい家を建てるより、リフォームするほうがはるかにコストが安かったのです。

また、新築より、タウンハウスなど伝統的な英国住宅を好む人が多かった事も理由の一つでした。

このような古くて設備もおぼつかない老朽物件には、いわゆる「あばら家」同然のものが多く、安い価格で手に入ります。そこで買い主は、イギリス全土の問屋やホームセンターの安い商品を使って、立派な内装を作り上げるのです。生まれ変わった最新設備の美しいフラットは、売却する事で高額な利益をもたらし、それがもっと立派な家を買う資金源になるのです。

これが人々が熱狂する英国リフォームの醍醐味《だいごみ》です。

リフォーム工事がはじまると、私のフラットにもいろいろな問い合わせがありました。近所の住人や地元業者などからの、「売る気がないか」という誘いです。まだ工事が終了していないのに、彼らは改装されモダナイズされる期待を抱いて先手を打とうとしているのです。日本で工事中の問い合わせといえば、ほとんどが騒音などのクレームの類なので、これには驚きました。

パラブたちが作業するかたわらで、朝から晩まで掃除をしたり、タイルの貼り方を考えたり、ドアノブを買いに走ったりと、大忙しの私にとってはその対応どころではありませんでしたが……。

パラブたち職人は家の前の道路に車を停めるため、駐車許可証を買っては朝八時から夕方五時まで作業をすると、車を移動しなければならないと言って帰っていきます。それでも終わらないときには、誰かがハムステッドヒースの公営駐車場などに車を移動して、私たちの帰国に間に合うよう対応してくれました。

私のように外国からやって来て二週間で工事を終了させようという者にとっては、高値で売れる事より帰国時までに工事が終わるか否かが最大の関心事だったのです。

後で思えば、イギリスの人々の「家好き」ぶりには、多分に財テク要素が含まれていることがわかります。

column

イギリスの暖房

セントラルヒーティングはエコな暖房システム

イギリスの暖房機器といえば「セントラルヒーティング」が一般的です。日本でも北海道など一部都市で導入しているエリアがありますが、まだまだ知られていません。簡単に、セントラルヒーティングの機能や形態について説明をしてみましょう。

まず、イギリスのセントラルヒーティングとは、ボイラーによって温められたお湯が温水タンクを通って、各部屋を暖める仕組みの事です。しかも、この温水は、生活用水として利用する事も可能で、たとえばシャワーや洗濯、食器洗いに利用する事ができます。

使用した温水は自動的に補給されます。このセントラルヒーティングの優れた点としてまず挙げられるのが、ストーブのように火傷をしたり、エアコンのように空気が乾燥したり、温風によってホコリが立つ事がないという点。そして直接的な燃焼による暖房ではないため、煙による空気の汚れがなく、換気の必要がないのも大きなメリットです。

各部屋全体を温水によって均等に暖めるので、それぞれの部屋の温度差が少なく、家の中全体を快適な暖かさで保つ事ができます。さらに、パネルにタオルなど洗濯物をかけておくとたちまち乾燥し、温められます。そういった点ではデロンギなどのオイルヒーターと同じです。

いい事ずくめの暖房機器のようですが、もちろんいくつかのデメリットもあります。たとえば、セントラルヒーティングが作動中にシャワーなどで大量のお湯を使った場合、（貯水タンクの大きさにもよりますが）温水の温度は一気に下がり、温まるまで少し待たなくてはいけません。四人家族の場合、一人がお風呂に入るとお湯がなくなるケースもあるといわれています。また、イギリスの場合、セントラルヒーティング自体、非常に古い物が多く、しょっちゅう故障するというのもよく聞く話です。そのせいで腕のいい「配管工」という専門業者は引っ張りだこです。

それにしてもなぜ時代遅れな暖房システムを使い続けるのでしょう。

それは、イギリスをはじめヨーロッパの古い家で、壁の中に埋め込まれた配水管を取り替えるのは大変な工事だからです。温水タンク、細い配水管がいまだに主流なのは、多少の不便が伴っても、骨董品のような住宅に価値をおく考えが根底にあるからです。

いずれにせよ、このセントラルヒーティング、厳冬のイギリスでも暖かく快適に過ごす事ができる、エコな暖房である事は間違いありません。

理不尽なことにはきちんと主張する

取り付けられないシャンデリア

田舎風のリビングを作りたかった私にとって、リビングに吊《つる》すシャンデリアには強いこだわりがありました。ビクトリア時代のこぢんまりしたフラットの暖炉と並ぶ、インテリアの見せ場になるのですから。

パラブやラニとホームセンターや問屋を回った後も、ローラアシュレイ、ハビタ、映画でも有名なポートベローロードのアンティーク店など、大げさではなくロンドン中を探し回ったのですが、価格がケタ違いに高くてかつ装飾的だったり、安っぽかったり。あるいは空間に対してサイズが大きすぎたりと、なかなか思うものが見つかりませんでした。

ところが灯台下暗し。偶然立ち寄った地元フィンチェリーロードのインテリアショップに、小さめで気の利いたデザインのシャンデリアがいくつもあることを発見。そのなかの一つに、絡まったツルバラを模したデザインのシャンデリアがあり、クリスタルのドロップが美しいのもあって「これだ！」と決めました。

以前、結婚の贈り物にいただいたベルギー製のシャンデリアが四〇万円だった事を思えば、中国製であっても一七五ポンド（二万六二五〇円）と手頃で、すぐに工事中の自宅まで配送してくれるというので、その場で支払いを済ませました。

ところが、届いたシャンデリアを確認したパラブは、これは取り付けられない。シャンデリアのフィッティング（取り付け金具）が一切入ってない、至急店に確認して欲しいと言うのです。

私とラニはフラットに残されていた鏡の縁に、ホームセンターから買ってきたアクリル絵の具でペイント塗装している最中でした。

慌てて作業を終え、店に電話をかけました。けれど、どれほど説明しても店主は留め具は入っているはずの一点張り。パラブにも電話を代わってもらいましたが、全く要領を得ません。

現物を持って店に行くしかないという私に、ラニが車を出すと言ってくれ、スタッフと共にシャンデリアの入った大きな箱を積み込んで再度出かけました。

主張は通す

店の前に停めた車で待っている、というラニとスタッフを残して店に入った私は、店主に購入したシャンデリアを改めて見せて、ネジも留め具もない事を確認してもらいました。

ところが、中東系らしき浅黒い肌の彼は、返金はできないと言うのです。取り付けられないシャンデリアを押しつけられても困ると言う私を振り切り、最後には他の客と話しはじめる始末です。

困り果てた私がパラブに電話を入れた数分後、ドアを蹴破るような勢いで童顔のラニが店内に飛び込んできました。

「返金できないのなら、今すぐ取り付け金具を持ってきなさい！」

彼女の剣幕に接客をやめた店主は、「この方にも散々説明したが、これはこういうものなんだ」と、極めて穏やかに対応しようとします。するとラニは、じゃあ、どういうふうにこの欠陥シャンデリアを施工するのか、今すぐ私の目の前でやってみろと、いきり立っています。

氷点下のハムステッドビレッジは道路が凍結し、坂道や路地を歩くのに苦慮する。車が来ない住宅街では振り向きながら車道を歩いたことも。

店主も顔を真っ赤にし、「それはこっちの問題ではない」と怒鳴り返しました。ドスの利いたその声に、シャンデリア一つで暴力沙汰に発展したらどうしようと私は震え上がりました。外で待っているスタッフを呼びに行くか、パラブに電話をするべきか、大声を張り上げる二人を前にパニック状態です。

ラニは一歩も引かない店主に、それならこの店の欠陥シャンデリアを全部天井から外して留め具があるか見せろと迫りました。けれどそれはできない。他の商品も在庫がないから見せられないと、店主はしだいにうろたえ出し、勢いを増したラニは、オーナーを出せ、今すぐオーナーの連絡先を教えろと机を叩きます。

追いつめられた店主は、この日本人はカードで買った。クリスマスで社長がいないから返金できないと、店の奥に引っ込もうとしました。

その途端、彼女は店内にいた客に向かって、「欠陥商品を平気で売っているこの店で買い物するのはバカ者だけよ」と叫んだのです。恥も外聞もなく自分の言い分を主張し続ける彼女に、多くの移民が暮らすロンドンでは、食い違いが起きれば相手を言い負かすくらいの強さがなければ、こちらの言い分も通らないことを教えられました。とはいえ、こういう事は日常茶飯事なのかと、事態に慣れない私は身の縮まる思い。

一部始終を聞いていた客は、ぞろぞろと出口に向かって歩き出しました。今すぐ一七五ポンド返金しろと迫る彼女の剣幕に、店主は渋々小切手を切ると言い出しました。私とラニは換金できるかわからない小切手を拒否し、「キャッシュオンリー」と、声を揃えました。

銀行に行かないと現金がないと最初は渋っていたものの、警察、シティオフィス、裁判所に訴えるとわめき続ける彼女に最後は頭を抱えて、金庫から一七五ポンドの現金を持って来たのです。

私はしかと現金を受け取りましたが、金を返したから出ていってくれと言う店主に、彼女はそれでもオーナーの名前と連絡先を教えろと、店を出るまで怒りは収まりませんでした。

多民族社会で生き抜く生活力

これまでラニと一緒に過ごし、パラブの前ではニコニコしていても、実は勝ち気な女性だろうと思ってはいましたが、怒りに火がついたときの彼女は想像以上でした。車で待っていたスタッフに、一部始終を日本語で話す私。その様子をじっと見ていた彼女は、「お金戻って良かったね」と言って、車のエンジンをかけました。

「やっぱりこっちの女性はすごいですね」

平然と車を運転するラニにスタッフが言うと、「パラブはああいうインチキな商売をする人が大嫌いなの。だから、彼はどんな仕事でもいい加減にやる人を許せないのよ。パラブならあの男のやり方を絶対許さなかった」と言います。

彼女があれほど激怒したのは、クライアントである私を擁護することよりも、自分が一〇代から尊敬してきたパラブと同じ価値観を持って、同じ方向に生きていきたいと願うけなげさなのだと思いました。

また、二〇代でありながら、リフォームの経験もあり、パラブと同様に店の情報や値引き交渉に長けているのにも驚かされました。もし彼女がいなかったら、おそらく郷に入らば郷に従えとばかりに、部品がなくてもそういうものだと泣き寝入りしていたかもしれません。

ロンドンという多民族社会では、違う民族が共存していくために、お互いに生活していく上で自分を守っていかなくてはいけません。ラニの主張する迫力を間近で見た私は、このような社会では自分の権利を守る事も命がけなのだと知りました。

旅行者としてこの国を見ていたときとは違う、イギリス社会の側面を突きつけられて、自分の権利を守るとともに他者の権利も尊重する、イギリスでよく見られる queue（キュー）の光景が浮かびました。イギリス人は、街のいたるところで並んでいます。

少し前のことですが、一つしかないカフェのトイレで並んでいたとき、「僕は時間がかかりますが、先に使いますか？」と、前に並んでいた若い男性に尋ねられ、フレキシブルなマナーに驚いたことがあります。こちらが女性だからと気遣ってくれたのか定かではありませんが、それが若者であった事、まして男性であった事に驚いたのです。

自己を守りつつ他者をも尊重する、このような考えが、骨太の生活力につながるのだと思います。

column

多彩な移民の歴史
自由で寛容なイギリス人気質

ロンドンの街を歩けば一目瞭然。アラブ系、インド系、トルコ系、ユダヤ系、中国系、パキスタン系、ポーランド系など……。実に多彩な民族の人々とすれ違います。その様子は、たとえばロンドンの繁華街でもある、ピカデリーサーカス駅周辺に広がる中国人コミュニティをはじめ、ロンドン東部、テムズ川の南、ヒースロー空港近くと、いたるところで見られます。

このような移民大国ともいわれるイギリスですが、その歴史を探っていけば、暗く哀しい時代の軌跡と現在の姿が無縁でない事に気付きます。

たとえば一六世紀・テューダー朝時代に起きた宗教革命の頃、プロテスタントたちの避難所としてイギリスは多くのヨーロッパ移民を受け入れました。同時期に、奴隷貿易や大英帝国の植民地支配によってアフリカ系の人々や、インドの人々もイギリスへと入国してきました。

また時代をさらに進めると、一八世紀に起きたフランス革命以降イギリスは、自由主義者たちの受け入れ先として「自由で寛容なる国」と言われ、一九世紀半ばには、「世界の工場」となって、当時貧困層だったアイルランド系の人々が主力の労働力として急増。ますます移民が集まって来るようになったのです。

その恩恵を最も受けたといわれるのが、ユダヤ系の人々です。二〇世紀、ナチス・ドイツの迫害から逃れるため、富裕層のユダヤ系の人々は保護を求めイギリスに入国。ロシア、東欧諸国からも大量の人々が押し寄せたといいます。

イギリスが移民大国になったもう一つの理由としては、イギリス人の新しい物好き気質も少なからずあったようです。

「古き良き伝統を守るイギリス」という気質を持ちながらも、ロンドンでは地元パブよりも中国料理やイタリアン、日本食など各国のレストランのほうが人気だったり、自国の自動車メーカー、ローバーが倒産しても、「トヨタやＢＭＷなどの外国車は良いよね」と、さして気にもしないところがあります。

また、植民地時代は言葉や文化の隔たりが移民たちを孤立させがちでしたが、一九六〇年代頃から移民の子どもたちの教育制度を見直し、移民と共存していく政策に国も積極的に乗り出しました。こうして違う文化を持った人との生活を、若い世代のイギリス人たちへ積極的に引き継いできた事が、今日の移民文化へとつながっているのかもしれません。

住みながらの工事は大変だけど楽しい

人との交流から良い仕事が生まれる

二〇代の頃のことです。二DKの借地権付中古マンションに「住みながらリフォーム」したときには浴室まで壊したため、足かけ一年かかりました。狭い家に家財道具はぎっしりで、毎日が荷物移動の連続と、最後は私も職人さんも疲労困憊《ひろうこんぱい》。ああいう思いは二度としたくないというのが本音でしたが、まさかロンドンで同じ状況に陥るとは思ってもみませんでした。

ロンドンでの私とスタッフの一日は朝六時の起床からはじまります。シャワーを浴び、着替えを済ませると朝食。リビングは作り付けのクローゼットの扉などが作業台の上に置いてあるため、おいそれと近づけません。

リビングの奥にある、三畳ほどのキッチンに寄せたテーブルでコーヒーを淹《い》れ、ハムステッド駅の近くにある朝早くから開いているベーカリーまで誰かが走り、できたてのクロワッサンを買ってきます。雪の降るロンドンの冬は七時といえども真っ暗で、疲れや時差ボケなどで動作ものろくなりがちです。

キッチンにはパラブたちが休憩時に飲むために買ってきた紅茶やコーヒーを置いてあるので、私は日本の茶菓子感覚でビスケットやチョコレートをお茶のそばに置いておきます。

ところが何度勧めても、食べ物の好き嫌いが激しい彼らはあまり手を付けません。冷蔵庫を開けると、彼らの牛乳やまとめ買いしたコーラまでがちゃっかり冷やしてありますから、彼らの物が置いてある場所と違う段に、私たちの飲み物は入れるようにしました。

八時にパラブは弟や家具職人のおじさんを伴いやって来ます。

今日の工程と私たちの予定をすり合わせながら、スタッフが淹れたお茶を飲むのが習慣でしたが、ある日、私たちが早朝からハムステッドの街を撮影して帰ってくると、渡してあった鍵で先に家に入っていたパラブがキッチンに立って、ちょうどコーヒーを淹れている最中でした。

いつものように私の食器棚から取り出した白いカップには、温かい湯気が漂っています。

「おはよう。コーヒー飲む？」

どちらが家主かわからないくらい、このキッチンに慣れ親しんだパラブは、穏やかな笑顔でどこに行っていたのかと尋ねてきました。

すっかり彼に馴染《なじ》んだスタッフと雑談を交わした後、パラブは家具職人がドアを削る電動ノコギリがぶれないよう、板を押さえたり、弟と一緒にスイッチの付け替えをしたりと、二時間ほど作業をし、その後、またみんなでお茶を飲みます。

何か部品が足りなくなり、パラブがフィンチェリーロードの「ホームベース」などに材料の調達に出かけるのも午前中のこの時間帯です。

イギリスに住み続ける理由

クリスマス明けまでにシャンデリアや読書用のヘッドライト、問題のカーペットを用意しなければならない私も、スタッフと共にあちこちの店を見て必要なものを探して回りました。

そんなとき、夫であるパラブに代わって私たちをサポートしてくれたのが妻のラニです。良い照明が見つからないと焦っていると、雪が降り始めた滑りやすいハムステッドの坂道を車に乗って一人で迎えに来てくれました。

ノース・サーキュラー（北環状線）近くのパークロイヤルにある照明器具の問屋に連れていってもらうと、倉庫のように広い店内には、たくさんの展示品がぶら下がっています。

中から、私がいいなと思うものを調べてもらったのですが、残念ながら取り付けに必要な全ての部品が揃っている在庫はなく、取り寄せになるという事でした。がっかりしている間もなく他のホームセンターで、洗面所用の壁付けフックやバスルームのキャビネットなどを手配。

「いつまで経っても全部が揃わないわね」とため息をつく私に、ラニは「大丈夫よ」と肩を叩くと、今晩はハムステッドでチョコレートシェイクを飲もうと提案しました。ヒースストリートに本物の板チョコをミキサーにかけて作るおいしい店があるそうです。

ずいぶん界隈に詳しいので彼女にその理由を聞くと、この数年間パラブはハムステッド周辺の工事が多かったので、いつも付き添う彼女は街を探索するうち、すっかり情報通になったとか。

車の中でラニは色々と話してくれました。

世界で一番パラブを尊敬していると言い切る彼女は、一五歳で初めて出会ったときにこの人と結婚したいとひらめき、自分から「結婚して」と申し込んだとか。若いパラブは当然のごとく、結婚など考えられないと断ったそうです。

純粋なラニはさぞ傷ついた事でしょう。ところが彼女は悲嘆にくれるどころか「そう、でも、いいわ。いつかあなたは私と結婚するわよ」と明るく返し、数年間は妹のような存在で過ごしました。インド人は身内同士の結束が固いといいますが、パラブはラニの兄弟とも交流があり、この頃から二人は家族ぐるみの付き合いをはじめたようです。

その後、ラニはパラブのガールフレンドになり、本当に結婚したのです。曲がった事やずる責任感があり、兄のようにいつも自分の面倒を見てくれたパラブ。曲がった事やずるい事が大嫌いで、いつも一生懸命努力する彼を見そめたラニは、パラブ以外の男性は全く眼中になかったとか。

まだ十代というのにラニの洞察力のブレのなさに感嘆しました。

大雪による道路の渋滞ですっかり日が暮れても車はノロノロ運転、ハムステッドまでたどり着けない。お楽しみのチョコレートシェイクの店はもう閉店時間だとあきらめたところ、ラニが急に「うちの家族がやっているレストランに行こう」と、激しく雪が降り続ける中、コリンデールへと車を回しました。

何とかたどり着いたのは、思わず踊り出したくなるような、陽気なインドの音楽が流れている開店前の広いレストラン。カウンターで待っていたのは、彼女の兄と弟でした。

ラニはハーシーズ、キャドバリーなど、いくつかの板チョコを私たちに見せて好きなチョコレートを選ばせると、それを弟に命じてミキサーにかけさせ、実においしいチョコシェイクを出してくれました。

「マイ・ベイビー」と一〇代の弟とじゃれ合う、きょうだいの中で紅一点のラニの屈託のなさは、家族に愛されて育ったからだと納得できました。

ラニは車の中で何度も言っていました。

「インドに住んでいる親戚はみな長生きで、向こうに住めば働き詰めの生活から解放されるけど、私は家族から離れたくないからロンドンにいるの。でもこの国は変よ。私たちは高い金利で家を買っているのに、ソマリア人や移民は何もせず、私たちの税金で大きな家に住んでいる。イギリスは貧乏人が得する国だから嫌い。私の夢はいつかきれいなカナダのバンクーバーに住む事なの」

リフォームは共同作業

外は大雪となってきましたが、絶対タクシーは捕まらないからと、彼女は私たちを家まで送り届けると言い張り、再びハンドルを握りました。ところがアップダウンの激しいハムステッドへの運転は危険を伴うため、私たちはスリップする車の後部座席で冷や汗の連続です。彼女を心配したパラブからも何度も携帯に電話がかかってきました。

繰り返しかかる電話の途中、「わかったってば」と、携帯を取った彼女が突然怒鳴りました。

「運転するなとパラブに怒られてるの?」と聞くと、「いいのよ」とため息をつきます。

何とか丘のふもとまで来たときに、Uターンして自宅から戻ってきたパラブの車が私たちの車にやっと追いつきました。

ラニの代わりに運転席に乗り込んだパラブを見て、彼女もすっかり安心した様子です。ラニを引き取ったパラブは弟の運転する車と共に雪の中を走り去って行きました。

まるで豪雪のレスキュー隊のようです。

「ここでいいわよ」と車から降り、吹雪の中を歩く事を選んだ私たちは、昼間購入したクッションや額縁を抱え、積雪で車が入れなくなったハムステッドの坂道を、滑らないようにゆっくりと上り続け、家に着いたのは夜もとっぷり更けた一時頃でした。

荷物を下ろすとみんなで部屋のゴミを片付け、ベッド周りの木くずを払うため掃除機をかけ、ホコリを被ったバスタブを水で洗い流します。

私はキッチンに残された飲み残しのコーヒーカップを、明日も彼らが使えるように洗い、冷蔵庫の中に差し入れておいたケーキの様子を確認。半分減っている事にホッとしました。

その後、朦朧《もうろう》とした頭でベッドにもぐり込み、やっと長かった一日が終わりました。

日本では考えられないパラブたちの作業後の後片付けと自分たちの寝床作りを毎日の日課としたのも、この工事が私と彼らとの共同作業であり、彼らの人柄にもっと関わりたいという思いがあったからです。これが普通の住宅リフォームであれば、高い、安い、早い、遅いなどクレームを付けて終わっていた事でしょう。

ロンドンでのリフォーム工事がもたらしてくれたのは、理想の住まいだけでなく、ロンドンに生き、家に関わる人々を知るという絶好の機会だったと思っています。

救いのマリア様はいた！

イメージどおりのシャンデリアを求めて

それにしてもいよいよ窮地に追い込まれた感じです。パラブたちが作業をするフラットに戻り、ペンキ塗りの打ち合わせを済ませると、再び頭を悩ませたのは新たなシャンデリアをどこで見つければいいかという事でした。

イギリスの冬は、午後三時を過ぎると陽《ひ》は傾き、黒い闇がぐんぐん街を呑《の》み込んで長い夜が始まります。せっかちな私は、こちらの準備が追いつかないためにリフォームの段取りが狂う事が一番嫌でした。それでなくても手違いや雪で工事は遅れ気味になるのですから。

夜になっても追い込みで家に帰らないパラブたちを見ていると、明日までにリビングの照明を何とか運んでこなければと、スタッフと話しました。実際パラブからも天井裏にシャンデリアを留め付ける土台を作るため、どうしても今日、明日中には用意してと釘を刺されていました。

主立ったショップはポートベローロードなどのアンティーク店も含め、全て見尽くした感があり、在庫を抱える店が一体どこにあるのだろうと思いめぐらせたときに、ハムステッドの近くにある「ベントクロスショッピングセンター」を思い出しました。

英国を代表するスーパー「マークス&スペンサー」をはじめ、「オースチンリード」「ティンバーランド」など、ファッションから宝飾品、スポーツ用品、書店、レストランまで入ったロンドン北部の巨大なショッピングセンターです。

インテリアにこだわるイギリス人の口からたびたび名が挙がった「ジョン・ルイス」がそこに入っているとわかり、あのデパートなら見つかるかもと、タクシーを飛ばして駆けつけました。ここは一八六四年の創業以来、高い品質の製品をリーズナブルな価格で取り揃える事で人気を博し、現在では、イギリスにおける顧客満足度ナンバーワンともいわれる王室御用達のデパートです。

閉店間際にもかかわらず、場内はクリスマスプレゼントを駆け込みで調達しようとする人々で溢《あふ》れかえっていました。私たちは人混みをかき分け、一目散に「ジョン・ルイス」の照明売場に走りました。

「最初からここに来るべきでしたよ」

スタッフが言うまでもなく、天井からは所狭しとあらゆる種類のシャンデリアがきらびやかに吊《つ》り下がっています。しかも、その三分の一はセール価格に下がっていました。私はメモを片手に気に入ったシャンデリアの価格と特徴を書きました。レジは長蛇の列で、万が一、在庫がないとき二番手、三番手をすぐに出してもらうためのメモです。売場を三周すると、三位まで順番を付け、店員を探しに行きます。

前にローラアシュレイの店で、開き戸に使いたかったガラスの取っ手の対の一個は、在庫がなかったため、店員に展示品を売ってくれと頼んだところ、珍しくその人はペンチとドライバーでディスプレイから外そうと試みました。結局工具がかみ合わず、ボードから外せなかったので展示品の取っ手を買う事はできませんでした。ここでも在庫切れ、展示品不可と同じ事が起きないとも限りません。

仕事ができる人

運良く店員が通りかかり、一番欲しかったシャンデリアの在庫を尋ねたところ、これ以外でも気に入った物があれば、全て在庫を調べてきますと言ってくれました。名札を見れば「マリア」という名です。英語のアクセントからイタリア系イギリス人と推察さ

シャンデリアの在庫を確認する“マリア”様。有名百貨店ながらも価格が安いのは、古い英国住宅の照明にと需要が高いせい。

れました。

間もなく戻ってきた彼女は、「残念ながら三つ全てが在庫切れです」と言いました。彼女を待っている間に、さらに六番目まで選び抜いた事を伝えると、「セールの物は全部チェックしましたが完売です」と申し訳なさそうな顔をします。

イギリスでは夏、冬のセール時には家具だけでなく、キッチン、バスタブ、照明までが半額近くに値下がりするため、この時期に合わせてリフォームや模様替えをする人が多いと聞きます。ほとんどのシャンデリアは一〇〇ポンド台と、日本円で一万円台の後半からとあって、たちまち売り切れたのでしょう。かといって、シャンデリアのことではすでに嫌な思いを味わっていたので、よく知らない店で買う気にはなれません。

そばにいたマリア様にダメもとで、一番気に入っていた黒ガラスで装飾された素朴なデザインのセール品を指さし、「展示品でいいので売ってもらえませんか。今、工事をしている最中なので急いで持ち帰りたいのです」と、頼んでみました。すると彼女は「それは大変ですね、わかりました」と、アフリカ系と思われるアシスタントに商品を取り外すよう指示してくれました。素早い対応に拍子抜けしたくらいです。

アシスタントはハシゴを持ってくると、私たちが見守る中、慣れた手つきであっという間にそれを外しました。有名デパートといえば融通が利かないという印象がありますが、信じられないようなフットワークの軽さに、私は何度も礼を言いました。

　さらに留め具に不備があればまた返品騒ぎになるので、「これから工事の責任者に電話をするので、取り付けにどういうものが必要なのか、確認して全て用意して欲しいんですが」と、お願いしました。いいですよと彼女は私の携帯から、パラブに取り付け方など説明をした上で、念のために新しいネジまで付けてくれました。

「イタリア系の人って親切だなぁ」と、〝マリア〟様に感心するスタッフ。

　彼女がたどたどしい英語で精一杯サービスをしてくれたのも、得た仕事を失いたくないという表れなのかもしれません。

　時間が来たら客がいても「クローズ」とシャッターを下ろすこの国で、日本式の接客サービスを求めようとすれば、それなりのお金を使って一流店に行かなければなりません。サービスと対価。そこに違う価値観で挑むのはイギリスで職を得たい外国人の熱意。閉店間際の忙しいショッピングセンターで、まさに一足早いクリスマスプレゼントを手渡されたような温かな気持ちになりました。

　中東系店主から必死で返金してもらったお札の中から支払いを済ませ、今晩は一一時まで作業を続けると言っていたパラブたちにマックでホットコーヒーと、好物の山盛りのフレンチフライを手みやげにして、フラットへの家路をたどりました。

私を待っていてくれたカーペット

熱意が人を動かす

次の日の夜行でスコットランド北部のハイランドに取材に発たなければいけない私にとって、全ての段取りをクリスマスイブまでに終わらせる事が最大の難関でした。シャンデリアという難題は片付きましたが、まだカーペットが見つかっていないのです。寝ても起きてもカーペットには頭を悩ませました。カーペット工事を早々に終えなければ、仕上げ作業にも支障が出るからです。

結局、最初に訪ねたイーストフィンチェリーにあるカーペット店以上の店は見つけ出せず、振り出しに戻りその店のマネージャーと金額交渉に入りました。

ところがウール混のカーペットは、一メートル一七・九九ポンド。改装に必要な四五メートルでおよそ八〇〇ポンド（一二万円）が相場とパラブに聞いていたため、マネージャーが要求する九四七ポンドは税金などを入れても高すぎると感じました。

数日間交渉した結果、五〇ポンド値引きをすると言うのですが、配送費を上乗せしてみたり、VAT（付加価値税）の計算が間違っていたり散々です。何より電話をするたびに、一五分後に返事をする、いや五分待ってくれとパラブにメールが入ったり、怪しいと思いました。

パラブは、このマネージャーはきちんと計算してサイズを出さない。僕の知っている業者はいつも間取り図のコピーを取るのに、彼はそれすらしないと言うのです。

時間のない私は、在庫を抱えているこの店で何とかケリをつけようと考えていましたが、このルーズさにうんざり、頭を抱え込んでしまいました。

そんな私を見ていたパラブが、「自分は同行できないが、知り合いの問屋はどうだろう」と言い出しました。

ただし、ここも在庫があるかどうかわからない。が、この男なら稼働しているメーカーに連絡して交渉してくれるかもしれないと、ハラルというマネージャーを紹介してくれたのです。

一片のメモ書きを握りしめ、地下鉄ジュビリーラインに飛び乗って私たちが向かったのは、ロンドン北西に位置するキャノンズパーク。駅前の通りは閑散として、時折バスが走ってくる程度の地味な所です。道の際には数店、バスタブや鏡などを売る問屋が店を開いていました。

これまで長年にわたってイギリスの住宅を取材してきた私ですが、まさか自分の家のリフォームのために、見知らぬ問屋街に駆けつける事になろうとはと、深い感慨を覚えました。撮影のためではなく、来週までに納品させなければならないカーペットを探し回っているこの設定は、大変さもありますが、どんな著名人に会う事より私をワクワクさせたのです。

やっと出会えたカーペット

雪に足を取られながらも、通りがかりの人に道を尋ねて歩き続け、やっと目指すビジネスセンターにたどり着きました。見た目には運送会社の巨大倉庫が密集したような、だだっ広い敷地です。どこにパラブの言うカーペット問屋があるのか見当も付きません。探す事二〇分、やっとすれ違った作業員が指差す方向を見ると、「FURNISHING」とプレートが下がっているプレハブの建物が見えました。

恐る恐るドアを開けると、狭い事務所で雑談をしていた数人のインド人が、一斉に刺すような目でこちらを見ました。

ハラルさんに会いに来たと告げると、ヒンドゥー語でその中の一人が何か叫び、奥から初老の男性が現れました。

私たちを見ると、「パラブから連絡をもらったが、ほとんどのメーカーがクリスマス休暇に入っているんだよ」と、困惑した表情です。それでも彼は、在庫があるいくつかのカーペットのサンプルが付いたカタログを見せてくれました。

ショールームの中はカントリーホテルで見たようなクラシカルな柄物から、メーターあたり一〇ポンドという型落ちの激安品まで、おおよそ世界中のメーカーのカーペットが展示されていました。

けれど、アイボリーで毛足が長く、柔らかいウール混のツイストカーペットというこちらの希望に合う物は、どれだけカタログを見ても見つかりませんでした。

方々のメーカーに電話をかけてくれた穏やかなハラルさんは、「あまりに時期が悪すぎる。協力したいのはやまやまだが、イギリス人はクリスマスにかこつけて仕事をしないから、むしろ開いている会社を見つけるほうが大変だ。うちにある物なら明日にでも運んでやるんだが」と、すまなそうに謝るのです。

「また一月に来る事になるんですかね」と、スタッフもため息をついています。

出発前にパラブに送ってもらったサンプルはいずれもイメージと違い、カーペットにこだわっていた私が、自分で探すと言った事が悪かったのかと落ち込みます。

ショールームに隣接しただだっ広い倉庫には、何本かのカーペットがロール状に巻かれて積んでありました。それらも全て行き先が決まっているとの事です。

あきらめきれない私は、スタッフと共に製氷庫のように底冷えする倉庫を歩き回りました。たかが四五メートル分のカーペットなのに、どこかにストックがあるはずと、二手に分かれ棚の奥をのぞき込んでいました。

そのとき、ふと、断裁機に巻かれたカーペットに気付きました。色はアイボリーです。指先で触れると、指が長い毛足奥深くに沈み込みます。

たまらなく柔らかな感触に「あった」と、飛び上がりました。

走ってきたハラルさんに、「このカーペットこそ私が探していたもの、そのものなんです」と興奮気味に伝え、これは売り物ですよね、とたたみ込むように聞きました。

するとハラルさんは、「生産中止のハンパ物だけど、これでいいのなら、たぶん四五メートル分はあると思うから売ってあげますよ」と、即答。

スタッフと手を取り合って喜び、その場からパラブに連絡を入れました。すっかり舞い上がって矢継ぎ早に報告する私に、彼は「配送日を間違えず伝えて」と念を押します。

現物発送という事で料金は配送代、ＶＡＴ込みの七〇〇ポンド（一〇万五〇〇〇円）。

キャノンズパーク、ビジネスセンター内のカーペット問屋で山のようなカーペットサンプルに直接手で触れて在庫を確認する。

ウールもたっぷり使われた上質のカーペットは、品質もさる事ながら、私が一番欲しかった柔らかな色と質感を併せ持っていました。

何より業者が出入りする問屋街で見つけたカーペットは、私の部屋のために残されていたような埋蔵品。これから先、このふかふかしたカーペットの上を歩くたびにどれほど幸せな気持ちになるのだろうと思いました。

イギリスで垣間見た職人魂

帰り道、駅に向かう途中のウィットチャーチレーンには、ロンドンで探していた鏡やシーリングメダリオン（天井に取り付ける装飾）の専門店もありました。

住宅関連の問屋や小売店が密集するこのエリア近くに、パラブとラニの自宅兼事務所もあるそうで、建設業に従事する人たちは、こういう所からバンに部材や商品を積み込んで、ロンドンの古い家を作り替えているのだと知りました。

帰宅するとペンキ塗りがはじまっていました。

ギョッとしたのは床と壁、室内ドアとガラスの境などに一切マスキングテープを貼っていない事。みな手にローラーやハケを持って、和気あいあいと塗っているではありませんか。

「テープなしではみ出さないの」と驚く私に、最初に外側を塗って囲むから大丈夫とラニ。その外側が問題なのにと手元を見ていましたが、慣れているからかマニキュアを塗るネイリストのようにはみ出さず、きれいにサッサと仕上げていきます。ペンキ大国イギリスに住んでいるのですから、これぐらい朝飯前といった感じです。

ローラーを持つラニは真剣そのもので、私が手伝おうとすると、「まず、私のやり方を見てちょうだい」と先生口調。おとなしく言うとおりにしているうちに、何人かの職人は全てパラブの親族や友人だった事も判明しました。インド人は親しい友人も含めた同族の結束が固いという話は本当でした。

ペインターのいとこは何でも屋兼雑用係です。ターバンを巻いたタイラー（タイル職人）、老齢のカーペンターは家具職人でもあり、木工工事の全てをこなします。彼らと共に音の出ない作業だからと一一時まで頑張ったのですが、疲れ果てたパラブが「腰が痛い。ワンコートが精一杯だ」と、二度目の塗装はクリスマス明けにしようと提案してきました。

彼らに買ったクリスマスプレゼントは厚手のソックス。目の前で包みを開けたパラブは不思議そうな顔をしつつも、礼を言ってくれました。

取材のためクリスマスをハイランドで迎えた私は、ロンドンに戻った後、カーペットの貼り替え、クローゼット設置工事などに立ち会いました。肝心のシャンデリア取り付けは、パラブの腰が悪化し、大みそかに私が帰国した後になりましたが。

ともあれ、我が家をリフォームする事で、美しいロンドンの住宅事情をのぞき見られた経験は、私にとって大変な収穫だったと思っています。

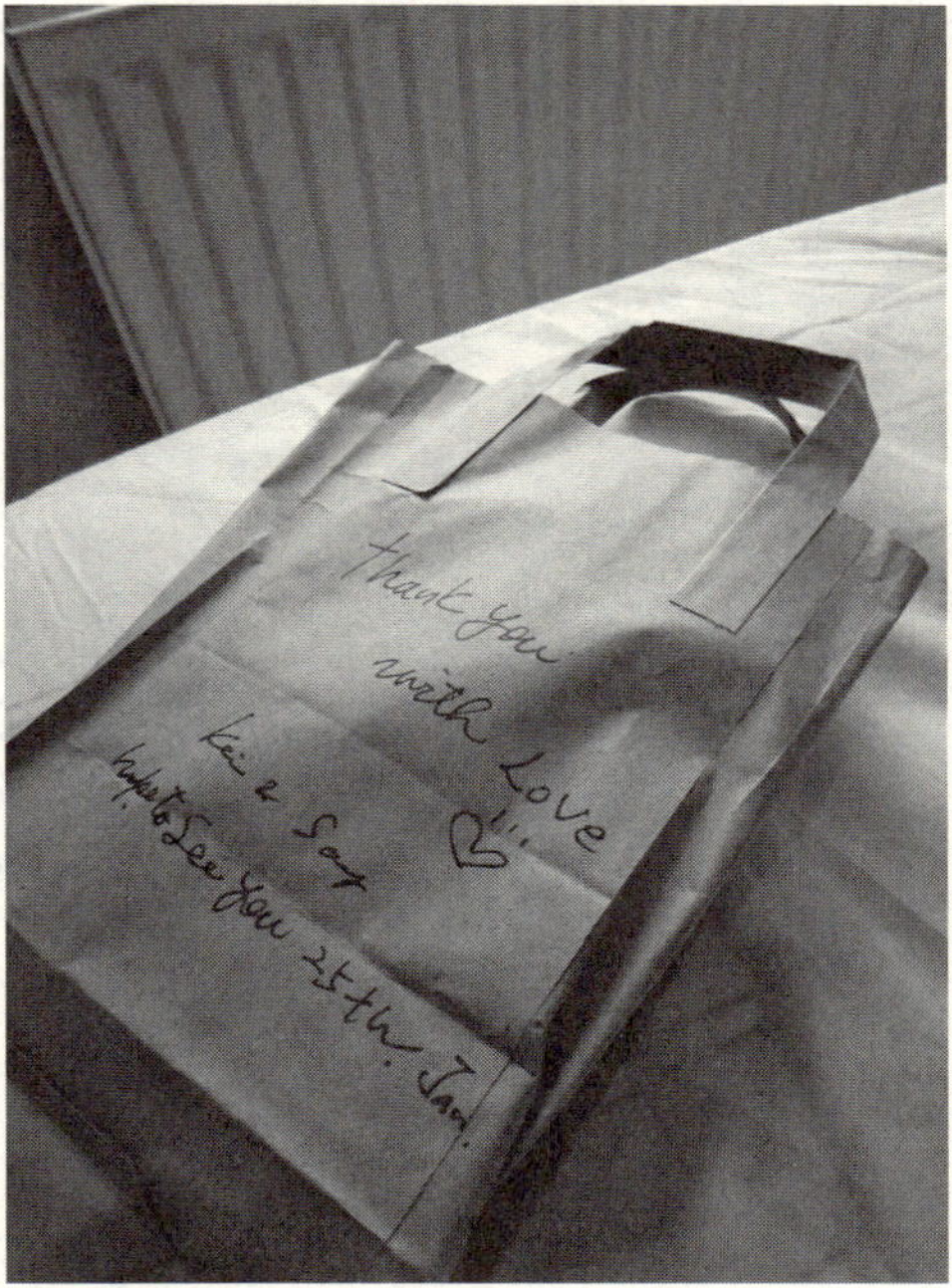

帰国の日、テーブルに置いて帰ったパラブへのお菓子。
体調不良で直接会えない彼にメッセージを添えた贈り物。

column

インドのカーペット事情

優れたデザイン・優美さ、魅力的な色使い

カーペットはインドで紀元前五世紀頃から存在していたと伝えられています。インド・カーペットの歴史に花が咲いたのは、一六世紀にイスラーム王朝であるムガール帝国のアクバル大帝が、ペルシア絨毯を持ち込んだ事がはじまりです。彼は、ペルシアの絨毯職人たちをインドに招き、産業に従事させました。

王室用の製品として取り扱われたペルシア絨毯は、インド王朝の嗜好《しこう》に合わせ、インドの伝統的要素を融合させながら、インド独自の発展を遂げる事になりました。

中東の遊牧民族のカーペットの模様はインド民族が持つ模様に非常によく似ていたため、中東のデザインも導入されました。ペルシア風のものは良質なシルクとウールが産出されるカシミール地方で作り続けられ、インド特有の幾何学的な模様など、特徴的なデザインはそこから広まっていきました。

一七世紀、アクバル大帝の跡を継いだジャハンギール帝の時代には、シルクやパシュミナなどの高級素材が利用され、従来より、さらに目の詰まったカーペットが完成し、技術的にも芸術的にも洗練されました。

宗教行事において必要であったカーペットは、品質を下げる事なく発展を遂げ、イン

ド・カーペットは、世界で技術的に最も成功した伝統的絨毯と認められるようになりました。

その一方で、一八世紀初頭のイギリスでは、東インド会社がイギリスとアジアの貿易商業の権利を独占するほど成長しており、インドの織物製品がとても重要視されるようになりました。

比較的安価でありながら洗う事もでき、優れたデザイン・優美さ、魅力的な色使いを持つインド・カーペットは、世界中に名を馳《は》せ、イギリス国内においても、大変に需要が多かったといわれています。

インド人がカーペットに造詣が深いのは、このような歴史的背景がある事も一因のようです。

カーペットはインドで最古の繊維産業であり、世界各国に輸出され、現在でも世界第三位の輸出量を誇る成長産業です。

工事中の掃除は自分たちと職人たちのため。みんなで使うバスルームは特に丹念に掃除機をかけたことも忘れられない思い出。

第3章

ロンドン生活はじめ

――小さなビクトリアンフラットの節約生活

ハムステッドの我が家での暮らし　1月30日〜2月3日

1月30日（土）

一二月に続き、一ヵ月と空けず渡英。

取材とリフォーム工事の最終確認、そして引き渡しのために。

成田の書店で編集スタッフが書いたロンドンマーケットの本の注文が入る。三〇冊。

渡英のたびにあいさつに出向く部長の努力が報われた結果だろう。


ヒースロー空港ではまたもや入国審査で長々と待たされる。

係員五人が大勢の外国人をさばくも、途中で何食わぬ顔で三人が消え、最後係員はたった二人に。

長い列からはため息と子どもの泣き声。毎度ながら改善の様子なし。

到着出口に着いた途端、どの人も身を乗り出して、待っていた人々とたちまち消える。

ターバンを巻いたドライバー、ノッポのヒョロッとした白人ガイドもみなイギリス人だ。何度来ても感慨深い人生のゲート。

ハムステッドまで予約しておいたキャブが迎えに来ていた。

それにしてもなぜタクシーは高く、キャブは安いのか。

キャブに乗るも、ノース・サーキュラー（北環状線）渋滞で車動かず。

ホワイトシティ経由で行こうとドライバーが言う。定額料金なので安心してＯＫを出す。

メーター制のタクシーなら七〇～八〇ポンド（一万五〇〇〇～一万二〇〇〇〇円）。なのにキャブは二八～三五ポンド（四二〇〇～五二五〇円）と、受け付けた人によって料金が決まる。

スタッフ四人で割るとキャブは電車より便利で安い。

タクシーの値段の高さは正規タクシー運転手への敬意というが、今ではみなカーナビに頼っている。通り名を告げるだけで嘘のようにどこにでも連れて行ってくれた記憶力も昔の話。

待ち遠しかった我が家との再会。

懐かしのパラブたちがいるかと思ったが誰もいない。

そればかりかクローゼットのレール、取っ手の取り付けもまだ。

シャンデリアも取り付けていない。

前回、パラブの腰痛から時間切れとなった工事。

その後、進めていると聞いていたのに、この有り様。

腹が立つも、あの真面目な彼がいったいどうしたのか不安になってくる。

彼と会う事自体、気が重く憂鬱に。

キッチンには取り付けるはずのブラインドも放置されている。

縦×横のサイズが逆にでき上がっている。これでは使えない。また、やり直しだ。

これで工事が全て完了するのかと不安に。


小さな寝室の足先が沈み込むような柔らかなカーペットの上に、今回同行した編集スタッフ、マモルの寝床を作る。

風邪を引かないように掛けぶとんをベッドの横の隙間に敷き詰め、毛布も数枚重ねる。

それを手伝うマモルは心底楽しそう。

一年前、下町のショーディッチでマーケット取材中のマモルにバッタリ出会ったことがある。

「どうも」と声をかけられた。

あんなに心細げな彼は初めて見た。

今、あのときの根無し草のような淋しげな表情は彼にはない。

私たちは拠点を持った。それは清潔で暖かなフラットだ。


スタッフみんなでロンドン最古のコーヒー店「コーヒーカップ」にてスパゲッティ・アラビアータの夕食。

リフォーム業者との行き違いはあったけれど、カーペットを敷き詰めたホーリーロウは東京の自宅以上に居心地良く、魅力的な住居になったと部長。

クローゼットには自分の服が待っていてくれた。

とはいえ、この家にまだ慣れない私は、依然、「ここはどこ？」状態。

1月31日（日）

六時起きしてコッツウォルズへ取材及び商談に出かける。

イギリスの手仕事を販売するという話が持ち上がり、候補作を何点か詰めてきた。

制作者に会えるのは楽しみ。今日は七〇代のおばあちゃん。日本から来た私たちが、コッツウォルズの小さな村にある自宅を訪ねるとあって、彼女もかなり興奮している様子。

その前に、「ミスターパートナー」の「ロンドン暮らしマーケット」の追加取材のため、タクシーでスイスコテージに行くが、マーケットは開催されていない。愛想の悪いオヤジが二名、露店を作っていた。マーケットは気まぐれで、ガイドブックを頼りに出向くと、突然規模が縮小されていることがある。気を付けなければ。

地下鉄でパディントン駅へ移動。

車中食べる昼食をバーガーキングで買い、チェルトナム行きの電車に乗る。

席取り、うまくいった。

テーブル席にスタッフ四名が座り、向かい合ってハンバーガーを食べる幸せ。

イギリスの列車は、テーブル付きの席に座れるか否かで楽しみ方が大きく変わる。

広いテーブルでは食事や資料読みなどたくさんの事ができる。

それにしても、イギリスの列車はなぜギリギリまで、プラットホームを公表しないのか。マモルは座席の背もたれに、予約済みカードをさすための時間稼ぎと言うが。

駅で私たちを待っていた太っちょニックの車でシルビアおばあさんの住む村へ。マーケットで会った彼女は、小さな着せ込み人形を作って細々と販売している。想像どおりの簡素なバンガローで人形作りのプロセスなどを聞く。農家の下働きだった女性の、ささやかだけど強い情熱に打たれる。七歳で初めて編んだというオレンジ色のベレー帽はさぞ素敵だったはずだ。現在夫と二人暮らし。

ふと、スコットランドの小さなコテージに暮らしていた老夫婦を思い出した。彼らは村はずれの丘で、二人で助け合って細々と年金暮らしをしていた。

耳が遠いシルビアおばあさんの夫は、妻のする事に反対はしない。日本の百貨店で開催される英国フェアに誘うと、空港には誰か迎えに来てくれるのかと心配する。

友人と一緒なら怖くないけれど、と意欲も見せる。

素朴なシルビアは公営住宅の住人。月六万円の家賃を払っている。

貧しくても、それなりに生きている。生きられるんだ。

帰り、サイレンセスター郊外のレイクランドという開発地に立ち寄る。池の周辺に立ち並ぶ、作られたコッツウォルズ風住宅群は魅力ゼロ。ロンドンの金持ちがここを買うのにハーフミリオン（七五〇〇万円）も出すというが、信じ難い。全てが現代風テーマパークにしか見えない。

最近、イギリスらしからぬ光景を見るたび、時代の変化を感じる。三〇年前にはなかった高層マンションを見るたび、胸が苦しくなる。


部長と一足先にロンドンに戻る。ハムステッドの丘のふもとで日用品を買おうとしたが、スーパー「セインズベリー」は休み。

バスに乗ってベルサイズパーク駅近くで降りる事に。

夕食に前々から気になっていた日本語メニューのチャイニーズレストランに入る。量が多い。団体客を集めたいと張り切る中国人マネージャーと名刺交換する。

イギリスを旅する日本人中高年に、中華を好む人は多い。店もトイレも清潔で、しかも近代ホテルのそばにあるここはいい。

ロザリンヒルの坂を上るとハムステッドのハイストリートがはじまる。

隣の駅との位置関係がやっとわかった。

商店街のはじまるあたりからビレッジに入っていくと、ハムステッドにはレストランがたくさんある事もわかった。

ロンドン北部は全くの初心者だ。

明日パラブと会うのが憂鬱。けれど疲れが溜まっていたのか、家に戻るとすぐに眠りに落ちた。

２月１日（月）

早朝六時に起きて、部長と慌ててリフォームした部分の撮影。

いい写真が撮れているはず。

一眼レフに換えて正解。ソフトな光回りの写真は夢をかき立てる。

フラットの細部を撮っておこう。住んでしまって目が慣れ、ただの風景になる前に。

駅前で見つけたベーカリーのおいしさといったら。

毎朝店がはじまる七時前からドアの前に立つと、香ばしい匂いが漂ってくる。開店と同時に入らなければテーブル席がたちまち埋まってしまうため、早起きをしている。完全なお上りさんだ。

ベーカリーの帰り、玄関を開けようとしたら呼び止められる。地階（ローアーグランド）に住む男性、ロブと初めてサシで立ち話をする。何の事はない。私の部屋から彼の庭に数カ月間水が垂れて、庭がダメージを受けているらしい。

それにしても最上階の私の住戸から、二階、一階をすり抜けて、なぜ地下に水が漏れるのかわからない。

第一、なぜ私の部屋が原因だと断定できるのだろう。日本人だから金をせびろうとしているのか。

警戒態勢に入り、同じフラットに住む彼に全くリラックスできない。ロブの口調は穏やかでも、携帯ビデオでしっかりその様子を撮影していると言われた。後でパラブに会ってから相談しようと決めた。

立ち去ろうとする私に、ファッションデザイナーの彼は、日本とも取り引きをしていると言った。

自分の仕事と原宿についてペラペラ語りはじめる。

浅黒い肌の彼が一体どこから来て、どんな人なのか、いい隣人か否か。

さっぱりわからない。


午前一〇時三〇分、寝室にヒース方向から強烈な朝陽が差し込んできた。

工事の遅れが気になっているのか、神妙な表情でパラブ兄弟がやって来る。

感動の再会のはずなのに、「元気？」「そちらはどう？」であとは沈黙。仕方ないか。

遅れてホーリーロウの管理会社のモリさんもやって来る。

途中で止まったクローゼットの工事について尋ねるため、モリさんに正確な通訳を頼む。

空気がピリピリ張りつめているのに、パラブは一二月と全く変わらず穏やかだ。

メッセンジャー役のモリさんも期日までにできなかった作業に関して、悪びれない彼に何をどう話せばいいか困惑気味。

取っ手やレールのストックが入手できず、どうにもできなかったとモリさん。

落ち度はあった。だが、パラブは小回りが利く優秀な職人だと。

私と彼との板挟みの感じ。どちらの側にも立てないと嘆くモリさん。

今回こそは私たちがいるうちに全てを仕上げると誓うパラブ。

持病の腰痛のせいで通院していると聞いていたが、モリさんに言わせるとしょっちゅうらしい。

演技か真実かわからないパラブのしょんぼりする顔に怒りは同情に変わる。

クレームをつけていたはずなのに再会できたうれしさがじわりと湧いて、顔がほころぶ。


モリさんが帰った後、電気工事開始。

漏電していたスイッチを慎重に取り替えるパラブ。イギリスの電圧は日本の二倍。

電気ポットのお湯もあっという間に沸くが、感電して吹っ飛ばされたスタッフのヨシの話を聞いて以来、パラブが作業する様子をハラハラしつつ見ている。


再度、パラブと地階のロブに会いに行き、水漏れの状況を確認する。

日本の地下室と違って、ロンドンのローアーグランドには必ず専用玄関と裏庭が付いている。

仲介してくれた不動産会社経営のキド社長は、ローアーグランドは泥棒に狙われるからやめろと言ったが、いつも自分の部屋の裏窓から見ていた青々とした芝生。

一体彼の庭はどうなっているのか興味津々だった。

ロブの専用庭はやたら広く、ここで彼は仕事で疲れた頭を休ませているのだと思うと羨ましくなる。

彼はパラブや私たちに穏やかながらも、半年間、大切な庭が被害を受けて悲しい思いをしてきたと訴える。

イギリス人にとって家と庭は切り離せない。

花一つ咲いていない、デッキチェアもない庭だが。

早急に原因を解明するとパラブが約束する。


午後、投資家のアル・カポーネ氏、待ち合わせたレストラン「ゴールドフィッシュ」に肩をゆすりながら入って来る。タクシーを使わずハムステッドの丘を登ってきたそうだ。

先週は約二名の日本人から問い合わせがあり、家を買いたいと言われているとか。

一人は弁護士。

日本では賃貸に住んでいても、ロンドンに赤レンガの家を買う事が夢だという。

ロンドンの住宅はまた値が上がりはじめたらしい。一ポンド一五〇円がボトムだというが、このままポンド下落が続くかどうか、物件を購入した不動産会社のキド社長に要確認だ。

オックスフォードストリートのウインターセールは、昨年より売れたというが、VATが上がる前の駆け込み需要が大きいのでは、と私は思っている。

日本の政権交代について、アル・カポーネ氏は私と同じ意見だった。

今変えないと日本はずっとダメになる。

「強いイギリス」を掲げるこの国は、きっとキャメロンが勝つから、経済は持ち直すと言うが……。


昼食後アル・カポーネ氏をほぼでき上がった我が家に誘う。

土足で大切なカーペットの上を歩こうとしたので、大声を出し、階段で靴を脱いでもらった。

ガランとした室内。作業していたはずのパラブがいなくなっていた。

アル・カポーネ氏は部屋中をぐるりと見回し、暖炉の上の鏡がチープだと皮肉り、テーブルクロスでカバーリングして色合わせがうまくいったソファをそうとは知らず、なかなかのものだとえらく感心する。

新調したのかと聞かれ、あわや吹き出しそうになる。

前住人が置き去りにした、粗大ゴミになるところだったソファに布を巻いただけ。

ついでに絶賛してくれた玄関横の大きな鏡も置き去りにされていたもの。

それをせっせとペイントしたのですとは口が裂けても言えなかった。

庭に池もあるお屋敷に暮らす富豪は、家具を調度品と呼ぶ。

問題の作り付けクローゼットも資産価値が上がると絶賛。

「ようこそ私の城へ」と、二客だけ隠しておいたアンティークのカップ&ソーサーで紅茶を出す。


その後、ネットに詳しいオオハラさん、ルーターを見に来てくれる。

部長が持ってきたノートパソコンがつながらないと騒ぎ連絡したものの、彼女の手にかかるとすぐに直った。

オオハラさんを家中案内する部長。

絶対すぐに借り手が付く。うらやましいと言われ、鼻高々の彼。

昼食から戻ってきたパラブは私たちだけとわかると、急に饒舌《じょうぜつ》になる。

「元気だったか。仕事は忙しいか」など、やっと話せる状態にご機嫌。

彼にカーテン屋に電話をしてもらい、縦横あべこべのブラインドについて確認するが、担当のミッキー女史がいない。

「直接交渉する」と、重たいブラインドを担ぎカーテン屋のある街、フィンチェリーへ向かう私。

途中、ハイストリートでコッツウォルズの取材から遅れて戻ったマモルと松本にバッタリ会う。

「そんなもの担いでどこに行くのか」と、二人が笑う。

街でバッタリ出会うなんて、ここはまるで我が編集室がある新宿のよう。

クライアントにあいさつに行く部長とも、途中駅カムデンタウンで別れる。

ひとりになると急に心細くなり、北風が体を吹き抜けてゆくような気持ちに襲われる。

一人ブラインドを抱え、フィンチェリーセントラルの通りを歩く。

あの頃、好きな人が住んでいたバラードドレーンも見つからない。

二〇代の頃、私は毎日ロンドンを歩いていた。

赤ん坊を連れてよくロンドンまで来られたものだ。

あれから三〇年、実際自分は成長したはずなのに、今の私には、昔できて、今できない

仕立てミスのブラインドを交換しにカーテン屋へ。こんなでき事の一つひとつが、どんな英国取材より新鮮だった。

事がいくつもある。海外で一人になると、ふと孤独を感じる瞬間がある。カーテン屋までテクテク歩くが、従業員はみな帰り支度をはじめていた。ミッキー女史はやっぱり不在。責任者と話し、ブラインドを作り直す事に。再び二〇ポンド（三〇〇〇円）追加料金発生。

帰りはキャブを呼んでもらう。家まで一二ポンド（一八〇〇円）。安い。くたびれたときの習性で洋服を見たくなり、ハムステッドの「HOBB2」に立ち寄る。ハムステッドが発生の地と知ったときから、英国のこのキャリアブランドに親近感が湧いた（最近では「NW3」というエリアコードを命名したブランドも立ち上げている）。表示価格よりさらに二〇パーセントオフとの売り切り冬物セール。レインコートを買い、ヒースロー空港で一三ポンド税金を返金してもらったら四〇〇〇円くらい。

夕方、五時過ぎに帰宅。パラブ兄弟が頑張ったようで、工事はだいたい終わっていた。私と部長がいなかったせいか、パラブは少し機嫌が悪くなっていた。英語が全く話せないスタッフの松本は黙って座っていたそうだ。明日請求書を持ってくると言う。

彼らが帰った後、バスルームのカギが開かず、慌てて携帯でパラブを呼び戻す。のっしのっしとやって来て、カギを開けると「バイ」と帰っていった。
温厚な人が無口になるときは怖い。

その後、マモルの掛けぶとんを買いにバスに乗って「セインズベリー」に行く。数分でふとんを買うと、再びバスでハムステッドのパブ、「ホーリーブッシュ」へ。今宵は奮発して大好きな青カビチーズのリゾットとステーキをみんなで食べる。

帰宅後荷造り。松本、一番にシャワーを浴びる。
マモルと買ってきたふとんにカバーを掛け、完璧な寝床を作る。
四人いても十分広い家。みんなのプライバシーがあり、疲れない。
できるならもっと居たいと思う。シンと静まり返った平和な空間。
一カ月間、ここに置き去りにしていた古着のスカートを眺めつつ考えた。
パラブに伝えなければならない事。
玄関のドアフォンの故障。入口がスムーズに開かない事。
玄関の外灯がスイッチを入れても点かない事。

これは本来、家屋と土地の持ち主であるフリーホルダーの問題だが、今回、カタをつける事にしよう。

2月2日（火）

それにしても前回の一二月、クリスマスを挟んだイギリスは本当に寒かった。

ハイランド、インバネスでは氷点下二〇度を経験した。

ロンドンも連日マイナス気温の大寒波で、大雪にも見舞われた。

道路は雪が凍り付き、地肌の出たところではスケートリンクのような氷に覆われて、とても怖かった。


スコットランドで一緒に雪山をウォーキングしたイギリス人に道路で滑って歩きづらいと話すと、それは靴が悪いのだと笑われた。

その人はバラ色のラバーブーツを履いていた。

聞けば一八五六年の創業以来、一五〇年の歴史を持つ「ハンター」の長靴らしい。

「ハンター」は日本でもセレクトショップを中心に出回っているが、一面銀世界のハイランドで見たそれは、真紅のバラのようだった。

同社の長靴は、二八種類ものパーツを手作りで構成した後、丸ごと液体天然ゴムに浸けて形成するため継ぎ目がなく、高い防水性と耐久性を持っているという。

その美しい長靴で果敢に雪を踏みしめて歩く女性たちを見るうち、スニーカーで四苦八苦する自分がバカバカしく思えてきた。

今回も家の近くのカフェで朝、撮影をしていると、買い物かごを持った老女が、私たちの前で激しく転んだ。

地面に激しく腰を打ちつけ、しばらく起き上がれずにいた。

手を差し出すにもソロソロと近寄らなくては、こちらもツルンと滑ってしまう。

おばあさんのかごから飛び散った財布や小銭を拾い集め、部長と二人がかりで起こしてあげる。

転んだショックからか彼女は「そこの郵便局に行こうとしてたのよ」と繰り返すばかり。

少し離れたところから、郵便局に向かうおばあさんをハラハラしつつ見守る。

この事を境に、雪道でも転ばない歩き方を改めて研究した。

シャーベット状のず黒い雪の吹きだまりが最も安全。

めったに車が来ない住宅街では、後ろを振り向きつつ、車道を歩く事。

狭路では車が来たら住宅の外壁にへばりつき、スリップと追突に備える。

転ばないよう、全神経を足元に集中させる。

たいてい、私たちは大きなカメラバッグや買い物袋を抱えているため、終いには坂道だらけの住宅街を歩くことにホトホト疲れ果てた。


考えるのは長靴の事ばかり。

ある朝、敷石につまずき、氷の歩道で尻餅をついて荷物も散らばった。

もうダメだ。私は長靴を買うのだ。

その後、ハイストリートに続く道すがら、「ハンター」を履いた三人の女性とすれ違った。

薄いピンク色のそれを、シフォンスカートからのぞかせる女性。

「Barbour（バーブァー）」のコートをはおり、ブーツインでチョコレート色の「ハンター」を履きこなすミセス。

自分はといえば、相変わらず恐る恐る壁づたいにカニ歩きしている。

ハムステッド駅に続く路地を曲がると、一軒のガーデニングショップがあった。「sale」という文字に引き込まれ、店内に入ると壁一面にずらりと色とりどりの「ハンター」が並んでいるではないか。

求めよ、さらば与えられん。聖書の一節を思い出す。

気になる物を履いては鏡を見てを繰り返したあげく、ハイランドで見たバラ色の「ハンター」を買った。

「イギリスの冬を快適に過ごしたいなら、これを履かなきゃ。このままボンドストリートを歩いてごらんなさい。超クールだと、うらやましがられますよ」と、同行した部長と女主人に背中を押され、一万円近い長靴を一生モノと購入。

その日以来、工事を抜け出し食事に行くときも長靴で通した私。

まるで悪だくみにウキウキする子どものように、雪の残るロンドンをペンキや資材のパイプを抱えて長靴で闊歩《かっぽ》した。

歩きやすい事といったらない。

ついでに知人に頼んで縫ってもらった、私がデザインした大きなポケット付きクラシックエプロンをかけっぱなしでカフェに入る。

「まるで魚屋のおばちゃんみたいですよ」

彼らに笑われようと、公園やぬかるみのフットパスまで濡れる事なく踏み込んで行ける自由さは、何物にも代え難い。

子どもの頃、欲しくてたまらなかったものが手に入ると、枕元に並べて眠っていた。アトムのお茶碗、セルロイドの筆箱、歩くたびに音が出るつっかけ。あのときのように、帰国する日まで毎晩階段で汚れを拭き取って、バラ色の長靴をベッドサイドに置いて眠った。

ファッションとしての「レインブーツ」を手に入れたのではない。どんな日も安全に、快適に、自由に動き回る。二つの足で大地を踏みしめ、楽しく歩いてゆく。そういう価値観が根付いた社会の片隅に、ようやくたどり着いた自分がいる。

2月3日（水）

最後の日。みんなで六時起きしておいしさに取《と》り憑《つ》かれたベーカリーへ。

「ハンター」のバラ色レインブーツは、ハイランドで見て以来ずっと欲しかったもの。坂道やヒース原野のあるハムでは必需品。

この店は全てがスーパーだと、マモルもとても感動している。

焼きたてのパンに挟んだオムレツ、ピクルス、モッツァレラチーズという味のセンス。

そして、大きなクロワッサンも。

ハムステッドはいいとこだと、名残惜しむマモル。


先発で帰国する彼らと別れた後、シーツの洗濯。

心を込めてセントラルヒーティングに干す。

こういう事がしみじみと楽しい。

タオルやシーツを洗えば洗うほど、この家に執着が湧く。掃除、洗濯は家事ではない。

家に命を吹き込む作業なのだ。


部長とベルサイズパークまで歩く。

途中、物乞いらしき男が、教会を撮影していた私たちの写真の撮り方にあれこれ指示する。古い教会はあっちだから向こうを撮れと、ロザリンヒル・ユニテリアン派教会を指す。

チャペルホールとして利用された現在のゴシックスタイルの建物は、一八六二年に建造されたそう。

親しげに話す男性の、突拍子もない明るさはどこか不気味。

ベルサイズパークの駅前に旅行専門の書店を見つける。

その中の分厚い本、『池や川での泳ぎ方』に興味をそそられ、書店員の若い女性と話し込む。

彼女もハムステッドの池で泳いだそう。

一冊の本から会話が盛り上がる。

彼女は販売する本のほとんどを読んでいるようで、『ノッティングヒルの恋人』のヒュー・グラントが扮する書店員のように、手に取る本の特徴や良さを教えてくれる。

チョークファーム駅を過ぎ、カムデンへ。

古い厩舎をお店にしているステイブルマーケットは、売っているものがつまらない。

安っぽい作りものはタンスの肥やしになるだけだ。

オックスフォードストリートの「ジョン・ルイス」は商品が並んでいるのに、がらんどうのよう。売場に対して物が少ないのか。

暖炉の上に付ける鏡見つからず。

その後、地下鉄で再び北上し、フィンチェリーセントラルへ。

ある鏡屋では中東系の男がだべっていて全くやる気なし。

職人が病気との事で売る物はないとそっぽ向かれる。

ボス不在だからと、ダラダラ油を売っている従業員。

もし、イギリスに会社を作っても、私は彼らを使えないだろうな。


フィンチェリーセントラル駅前の安いパブに入る。

突然、肉とマッシュポテト、グレイビーソースのかかった英国定食が食べたくなる。

味まあまあ。

ボリュームだけが圧巻。これは若いスタッフ向きか。

長い商店街を頑張って歩き、もう一軒だけ、昨日下見しておいたインテリアショップに入る。

シャンデリアの土台、シーリングメダリオンや、暖炉も売っている店。

セール価格の鏡を見て、買うべきか思案する。

アル・カポーネ氏に「チープだ」と言われたうちの鏡と同じく、縁は金ピカ。でも、計るとサイズはちょうどいい。色を塗れば暖炉の上に収まりそうな四角張った形も気に入った。

散々迷い、昨日から気になっていたしと、買う。

妥協して何か買う時にエネルギーを絞り出すのはしんどい。

店でキャブを呼んでもらい帰宅すると、すぐパラブが来た。神妙な顔。管理会社の人に何か言われたのか。クローゼットと天井に、一つずつレールを付けて仕上げると言う。懸案の重たい引き戸も「上部と下部にレールと茶色いガイド（枠）を付ける」との約束を再確認する。

気の重い、下階の水漏れ事故の原因も調査を再度頼む。

あれこれ話した後、工事費用の中間金を払う。

残金は日本に帰り、仕上がり写真をメールで見てから支払うという事で決着。

一応、全ては解決した。これが終了すればリフォームは完成する。

また今度、私がここに来たときに額や鏡を取り付けに来ると約束するパラブは安堵の表情。残りの作業はこれだけになった。

管理会社のモリさんは工事が終わったら貸すべきですよと言う。すぐ借り手が付くのに、もったいないと。

だが、人には貸したくない。

一年間は少しずつ改装して、きれいにするとやんわり断った。

ギリギリまで打ち合わせするも、キャブが来たためヒースロー空港へ。

パラブとモリさんに別れを告げる。

ノース・サーキュラーを通りつつ、前はしみじみ帰路の感慨を味わっていたが、今回は産み落とした我が子をイギリスに置き去りにして飛び立つようで、後ろ髪引かれる思い。

さびしさより、また来られる、帰って来られる自分の家があると自分に言い聞かせた。

いつもスタッフと一緒でまるでキャンプ生活のようだが、ホーリーロウにいると、自分がこの国に引っ越したような錯覚に陥る。

別荘とも違う。事務所でもない。

過ぎ去るロンドンの街並み。

この都市に移住を決意した音楽家夫妻の気持ちがシンクロした。

帰国日は掃除、買い出しなどやることが多い。最後の日はロンドン中心部まで必ずバスを使って、走り去る街並みを心に刻む。

老親を連れてロンドンへ　4月29日～5月3日

4月29日（木）

今年のゴールデンウィークはリフォームを終えたホーリーロウに、地方在住の両親と、娘を連れて行く。

吉祥寺の我が家に両親が到着する前から、執筆中の本の原稿の事、その他の問題で落ち着かず、おまけに会社のゆとり世代の人事対策に頭を悩ます。経営者である私も五月病か、考えすぎて明け方三時には目が覚める始末。

イギリス出発前だというのに、精神的には全く落ち着かない。泥沼のように嫌な問題が次々と起きる負のスパイラル。

七〇代の両親にとっては、今回が最後の渡英になるかも。

それなのに持ち前のサービス精神が全開しない自分に焦る。

ロンドンに家を購入した私は、吉祥寺にお墓も買ってしまった。

娘と二人、お花見がてら近所のお寺に出かけた際、ほとんど即決だった。

ここがいいと分譲中の西側の一画を指差した娘。その区画からは武蔵野の、のどかな家並みが彼方に見えて、家好きな自分らしい場所だと思った。

私や娘の家からも徒歩で来られるのがいい。

この寺の住職さんが戦争体験の語り部として、地域の子どもたちと接している事は知っていた。

私はクリスチャンだが、抵抗はない。


お墓の事は前から考えなくもなかった。

海外出張の多い私に不慮の事故が起きた場合、残された家族は右往左往するだろう。

ロンドンに家を買って、ますます家族に負担をかけてはいけないと思うようになった。

夫は家もお墓の件も、全てにおいて何でもやっていいけれど、問題が起きても自分にふらないでと言う。

他県にある夫の家のお墓は、電車と車を乗り継いでたどり着くところにある。

ただでさえものぐさな私のひとり娘が、訪ねるには遠すぎると思っていた。

おまけに私の両親も墓問題に関しては頭を悩ませていた。

三人姉妹はひとり残らず故郷を出ている。しかも私は長男役の長女。親が逝った場合、飛行機に乗っての墓参りは先々負担になるだろう。

クリスチャンの母と無宗教の父。二人の意見もなかなかかみ合わない。

両親の合意を待つより、武蔵野に墓を持とう。

形見の品でも、分骨でもいいからねと言う私に、

「それじゃ、入れてもらおうかな」と、安心した様子の父。お墓の費用も全部出してくれることに。

財政難が救われた。

何という会話だと呆れつつも友人は、「娘とお墓を衝動買いね」と、しまいには大笑いしていた。

生前建てるお墓、寿陵《じゅりょう》は中国の長寿を願う風習だと縁起が良いらしい。

最近では自分の墓は自分が決めると、寿陵が増えているらしい。お墓も都心回帰とか。

後半人生、やりたかった事もできるだろうが、もしものときの準備も少しずつはじめなくてはと思っている。

吉祥寺にやって来た両親とそばを食べた後、でき上がったお墓をみんなで見に行く。

初めて見るお墓には、両親と考えた言葉が大きく彫ってあった。

「〇〇家之墓」という字づらは昔から好きではなかったから「楽しい人生」という一節に自画自賛。

ロンドンの家に続いてお墓づくり。

こんな突拍子もない発想を、いいんじゃないと受け入れてくれる家族に感謝。

父が用意された供物台《くもつだい》にしゃきしゃきとお供え物の果物や米などを置く。

その後、住職さんの「魂入れ」のお経をみんなで聞く。

私が死んだら、誰が訪ねてくれるだろうかと娘に問うと、ばっかね、そんな事考えてるのと、そっぽを向かれる。

ロンドンの家を思った。

最後、きれいに片付けたホーリーロウ。リネンクローゼットにたくさんのシーツを畳んで入れた。

マーケットで買った食器や絵。

あの、一つひとつに再会できるかと思うと心が温かくなる。

一二月も一月もあそこで過ごした日々は忘れられない。

ホーリーロウは訪れる人を幸せにする力がある。

成田発ヒースロー空港へ。

腰の悪い両親にはビジネスクラスを取った。

懐石料理がおいしい上に、フルフラット仕様で熟睡できる。

履き心地の良いウォーキングシューズ、タクシー、グレードアップした飛行機と、移動負担にお金を惜しまないことは高齢者の特権。人生のごほうびだ。

ただしエコノミーに座った私は災難。コールボタンを押すたび「お呼びになったのはどなたですかっ」など、威圧的な客室乗務員の物言いに怯える。

モスクワ上空でついにがまんならず、上司に抗議。

それにしても、どうしてサービス業に就く若い人はこうも威圧的（気が強く）になってしまったのか。

クレーマーのようで嫌だったが、ずっと使っていきたい大好きなエアラインだし、他に変えるより言うべきことは言おうと思った。

上司へ抗議した途端、ヒースローに到着後も最後まで謝罪する彼女に悪い気がしたが。

ヒースロー空港の入管に並んでいるとき、某有名作家を見かける。

父があまりにジロジロ見るので、その陰に隠れる。相変わらず憮然《ぶぜん》とした表情で、前にインタビューしたときの自慢話の数々の後、突然逆上された悪夢が甦《よみがえ》る。こちらに気付かなくて良かった。それにしても、イギリスはいろんな方々にとって心のよりどころ的な街なのだと改めて感じる。

迎えに来ていたキャブでホーリーロウに向かうも、また大渋滞。モータウェイM3も、ノース・サーキュラーも。

が、気高きマリア様が働く、思い出のベントクロスショッピングセンターを過ぎると家並みががらりと変わり、両親も窓の外に釘付け。

あれこれ説明しているうち、しだいに懐かしさが込み上げ深呼吸する。ハムステッドの広々とした空に凜《りん》と立つ街路樹。ぼたん雪のような大きな八重桜が満開。

ホーリーロウへの再々訪問は自分が一番乗りをして完璧な室内を見せようと、キャブの横で両親を待たせて上階へ走る。

懐かしいスリッパは階段に置きざりのまま。

部屋には管理会社から届いた、ブラインドと掃除機の箱が放置されてあったが、ホーリーロウのペンキとレモン洗剤が入り混じったような匂いに、心から安堵する。もっと感傷的になるかと思っていたが、入ってくるなり娘らが「ステキ！」と写真を撮りまくりとても喜んでいたので、うれしくなった。

全員のふとんもうまく配分できた。

ホーリーロウの二LDKという広さと作りは、真ん中にホールがあるので家族で泊まっても圧迫感がない。

リビングの床もフカフカなので、雑魚寝なら何人でも泊まれる。

ベッドにカバーをかけて、リネンクローゼットからきれいに畳んだピローケースを出す。

唯一英語ができる娘に地下鉄の場所を教え、モダンチャイニーズ「ピンポン」にシュウマイを食べに行く。

父の疲れている様子が気になっていたが、ハムステッドの賑《にぎ》わいの中では昔の父に戻ったような感じ。

インド人商店に水などを買いに行く。

それにしても一緒に来る人によって家の感じ方は変わる。

今回ホーリーロウに来たものの、感激が薄いのは旅行気分のせいか。

それとも慣れのせいか。

「ロンドンに家がある」「ロンドンに家を買った」、どちらの響きも口に出すと、「赤ちゃんができた」、または「結婚します」と同じくらいうれしい。

父も娘もいい所だとはしゃいでいる。連れてきて良かったと心から思う。

4月30日（金）

早朝四時五〇分に起きると、珍しく娘が紅茶を淹れて待っていてくれた。

一泊二日のポーランド旅行が始まる。

今回、彼女はロンドンに居たいと、ここに残る事に。

「気を付けて行ってらっしゃい」と、ニコニコしている。

彼女なりにやりたい事がいろいろあるのか、のびのびとしてうれしそうな様子。

家族全員でバナナと菓子を食べ、キャブでガトウィック空港に向かう。

疲れのせいかガトウィックまでの遠いこと。

車中、両親はホーリーロウで夜中に何度か起きたと言った。

乗り込んだキャブのドライバーはルーマニア人。

愛想はいいが、案の定、早朝だからとクレジットでなく現金払いにしろと要求してきた。

六七ポンド（一万五〇〇円）をキャッシュで払う。

ときどきこの会社の運転手は突然主張をはじめ、好き勝手に搾取しようとする。

ガトウィックでもターミナルを間違えてバタバタ走り回る。

小さな二人は、私以上にハッスル。

「お前の荷物も持ってやる」と言う父にボストンを取り上げられる。

元気いっぱいの七〇代。


社会問題や戦争問題に関心の強い母親を、アウシュビッツに連れて行く事は長年の希望だった。

今やEUとして一つになったヨーロッパは、国内旅行感覚で気軽に移動できる。

最寄りのポーランド、クラコフまでは約二時間。格安航空券で片道一万円程度。

「着いたと思ったらまた移動か」と、強行軍を愚痴る父に、「東京から九州に帰ると思えばいいじゃない」と説明する。

機内爆睡で気付けばもうポーランド。クラコフに着くも、カンカン照り、暑い。

クラコフの家並みは極東シベリアの郊外に似ている。

クラコフの街並みは、旧ソ連のよう。

ハバロフスク、ウラジオストクを思い出す。

西欧と東欧の差は、社会主義的暗さが濃いか、薄いか、はたまたゼロかだ。


時間があったので両親に空港で会社の近況を話す。

今回クラコフのホテルで合流するマモルたちについても。

事情が呑み込めたかは別にしても、いつも私が連れてくるスタッフと仲良くしてくれる二人に感謝。


三人で市街の食堂に行き、ダンプリング（東欧風ギョウザ）、サラダ、クレープを注文。

名物ブラックカラントジュースは濃い果実の風味。

トロリとした赤黒いこのジュースを両親に飲ませたかったのだ。

来る前からポーランドの食事はヨーロッパで一番おいしいと豪語していたので、

急に食欲旺盛になる二人を見て安心。

あまりに暑くTシャツと帽子を買うも、両親は観光地化された騒々しい旧市街の広場にポツンと立って、もてあましている感じ。


ブダペストから乗り込んだ編集部の三人とホテルで会う。

安心するも取材の段取りがついていないため、シナゴーグ、ゲットーの壁などユダヤ人の足跡をたどるルートに変更させる。

それにしてもまだ五月なのに異常な暑さ。ガイドの説明もイマイチだ。

シンドラーの工場跡地に行くも、入る事はできなかった。

前回はガイドが顔利きで、非公開の工場内にまで入れたのに。

グループで行動するためか、ユダヤ人地区への郷愁も散り散りバラバラ。

前回来たときには胸をえぐられるほどの生々しい無念さまで感じたのに、やはりこういう場所は、グループで来るべきではないのかもしれない。

今頃ホーリーロウはどうなっているんだろう。

ロンドンに家がある。ポーランドに来てそう思うと、地球の反対側にも自分の座標軸を持ったという実感が湧いてくる。

マモルが「ロンドンの家はいかがでしたか」と私に聞く。

娘があちこち写真を撮っていたわよと、私。

それだけじゃない。

いつもは面倒がるくせに、今回は黙ってベッドシーツを換えていた。


夜は全員でユダヤ人レストラン。

物悲しい旋律のバイオリンの生演奏を聴きながらコーシャ料理を食べる。

鶏肉のグリル、野菜と豆と肉の煮込み、ピエロギ（水餃子）など。

ひとりなら深く歴史の不条理を考えたことだろう。

両親とスタッフが一緒となると、気が散って仕方がない。

声が聞こえないと思ったら父は居眠りしている。

慌てて会計を締め、タクシーを頼む。

ホテルに両親を送り届けたのち、スタッフと四人でまたブラックカラントジュースを飲みに行く。

明日はいよいよアウシュビッツなのに、早くロンドンに帰りたいような気持ちになる。クラコフ最高、シベリア最高、シルクロードまた来たいと、これまではどこに旅をしても、せわしない東京の生活と比べて、新しい街が大好きになっていた。

というか、深くハマり込んでしまえた。

今は世界中どこに出かけてもハムステッドの風景が目に浮かび邪魔をする。

ロンドンに家を持って旅に対する考えが変わったのかもしれない。

以前は東京から出る事が目的だった。

今はハムステッドへ戻る事が目的となっている。

5月1日（土）

ミニバスに乗り込み、約二時間。一路アウシュビッツに向かう。

文明落下の象徴。収容棟にはユダヤ人の義足や髪の毛、トランクの山が展示されている。

高圧電流を流した有刺鉄線に囲まれた収容所は、ガス室の内部まで公開され、国立オシフィエンチム博物館となっている。

約一一〇万人が殺戮《さつりく》された、こういう場所を包み隠さず公開し、研究の場にするところがヨーロッパだとつくづく思う。

驚愕《きょうがく》する父は何を見てもはぁーとうなるばかり。

母はノートを広げ熱心にメモを取っていた。

前回もお世話になった中谷剛さんに会えたのはうれしかった。

アウシュビッツに住む彼は、ここで唯一の日本人公認ガイドだ。ニューズウィーク誌の「世界が尊敬する日本人」にも選ばれた。


「比較で成長しようとすると破壊が生じる」

中谷さんの言葉の一つひとつに深く共感して以来、『夜と霧』を何度も読み直し、DVDなどあらゆるアウシュビッツ関連の資料に目を通した。

だからだろうか、前回のような衝撃はなかった。

昨日と同じ、大勢の身近な人に囲まれているだけで、「爪痕《つめあと》」がボヤけてしまう感じ。

アウシュビッツはそういう場所だ。こちらの魂をむき出しにしなくては。

見るとは、訪ねるとは、感じる事なのだ。

過去に起きたでき事をギリギリまで自分の側に引き寄せて。

どう猛な犬に吠えたてられ、一晩中、裸でガス室への順番を待たされる恐怖、あきらめ、祈り。同胞の亡骸《なきがら》が白い灰となって降り注ぐ中、自分も家族もこれから殺されると知りつつ、ただ、待つという事がどういうことなのか。

知る事より、感じなければここに来る意味がない。


マモルと部長は撮影や録音の事ばかりに気を取られている様子。

一生に一度来られるかどうかわからない場所で、取材と考察の二本立てはまずかったな。

深く反省。


「前回、お嬢さんはカメラを持って、収容棟の周りを走り回っていたんですよ」と笑いながら語りかける中谷さんに、両親は満足そう。

ここに今日来られた事を、感謝する。


帰路、再びドライバーとどこで降りるかモメる。

ようやく話がつくと彼はケータイで誰かと雑談をはじめ、口笛を吹く。

両親は疲れて熟睡。続いて若い面々も。

カジュミール地区に戻り、イザークシナゴーグを見たのち、慌ただしくホテルに戻る。

母が若者で溢れかえるランチバイキングを見つけ、喜々としてみんなを誘う。

もりもりと食べるマモルたち三人に、「いつも娘が世話になってすみません」と、父が頭を下げる。経営者だった父はスタッフを絶えず気遣う。娘想いの一面にホロリとくる。タクシーで空港へ。


帰路、父について機内で母と話す。

気丈な母に対して、今回おとなしくしている父の黙りぐせが気になった。

彼の元気の源は喋《しゃべ》る事だから。

営業マンだった頃から、会えば機関銃のように話し続けるパワーは、なりを潜めてしまったような気がした。

いつまでも元気でいてもらいたいという私。夫婦だけで暮らしていると気付かない事もあるし、あなたの意見をちゃんと受け止めるわと言う母。

しみじみと話ができた事が大きな収穫だった。

離れていると日常の細々した事をしてあげられない。

一八歳で親元を離れたときは親から解放されたのと独立の喜びで、正直、せいせいしたものだ。

あれから三〇年以上の月日が流れた。

「東京に出る」どころか、五〇代で「ロンドンに住む」と言いかねない娘に乗せられたフリ（?）をして、こうして九州からはるか遠いヨーロッパまで出向いてくれる。私が七〇代になったとき、娘に同じ事をできるだろうか。

それだけの明るさと体力が維持できるのだろうか。

これまで自由に頑張れたのも、どんな事にも興味津々で駆けつけてくれた両親のおかげ。

「親孝行」という言葉に馴染めず、するのもされるのも違和感を抱いてきた私。

親子は一緒に楽しみ、経験を分かち合うほうがずっといい。

たとえどちらかが病に倒れても、生涯年上の友人のように付き合おう。

今回の旅行でつくづくそう思った。


ようようの思いで、ガトウィックから電車とタクシーを乗り継ぎ、家に戻る。

まだ夜の八時だというのにすでに娘は寝ていた。

叩き起こして、近くの騒がしい日本料理店へ軽い夕食を摂りに行く。

疲れているだろうに、みんなの機嫌をとる父は昔どおり家族の大黒柱だ。

気丈だなぁ。

それにしてもこの店のうどんは、ダシがラーメン汁という恐るべきもの。

よくこれで満席になるものだと、やり手っぽい中国人経営者を眺める。

量だけは異常に多く、食べきれない天ぷらをアルミホイルに包んでもらう。

帰宅、爆睡。

5月2日（日）

七時起床。

くだんのやみつきベーカリーにみんなで出向く。

母がひよこ豆のサラダをいたく気に入り、全員の皿に盛り分ける。

これも食べろと、自分の渦巻きカスタードパンをちぎって分ける。

店員がコーヒーや料理を運んで来るたびに、「サンキュー」と満面の笑顔でペコリと頭を下げる。

どこに行っても、誰に対しても家庭と同じほがらかな姿勢をキープ。

幸せな主婦は清純な乙女のようだといつも思うが、母はその典型かも。

二人とも今まで食べた料理の中で一番おいしいと、ひよこ豆に大はしゃぎ。

続いて（こういう所は大の苦手だが）マダムタッソー蠟人形館《ろうにんぎょうかん》に連れて行く。

すでに長い行列。これが世界中の人が押し寄せる観光王国ロンドンなのか。

もっと考えると、素晴らしい場所はいくつもあったのに。

すごい人混みに揉まれながら、別々の人形に駆け寄る二人をカメラを持って追いかけるのに一苦労。

思いがけず有名人と写真を撮る両親のはしゃぎぶりにクタクタ。

「マークス＆スペンサー」という英国の西友といった店で母はリュック、父はシャツを買う。

その後、カムデンマーケットに行き、ふたたび人混みに揉まれ、娘が「おばあちゃんにプレゼントしてあげる」と帽子、手袋を甲斐甲斐《かいがい》しく選ぶ。

貴重な時間が過ぎてゆく。どれも悪くはないけれど、どれもイマイチ。

本当のロンドンの楽しさではない。

五年前、家族で旅したときは両親にとって初めてのイギリス、初めてのロンドンだった。

今回、両親は四回目の渡英。毎回バージョンアップしたいのに、ロンドンに家を買った私は、何を見せてどこに連れて行けばいいのか、混乱している。

カムデンタウンよりハムステッドまでタクシーを飛ばし、閉店前の「バーグハウス」へ。

イギリスの田舎にある庭先っぽいカフェでケーキを食べる。

五月とは思えないほど冷え込んで、おまけに雨まで降ってきた。

セーターを二枚重ねで着込み、震える父。

仕方なく室内のテーブルに着くが、周りは全て日本人。

典型的な地元のおばあちゃんを見せたかっただけにカラ振り。

いよいよ明日は最終日。

5月3日（月）

タイマーを設定していたため、セントラルヒーティングが夜中に切れて寒かったと、朝から父はかなり不機嫌。

六時過ぎから鳥がピーピー鳴いて目が覚めるとも。

ハムステッドを案内したかった私は、寒空のもと、みんなで散歩しようと提案。

母に小突かれ、何でも見るよと合わせる父。

スコットランド、コッツウォルズとすでに両親はイギリスの田舎を旅してきた。

だからハムステッドが「片田舎のような街」だという意味はわかるらしい。

でこぼこの石畳や、不規則に並ぶコテージを見せては、すごいでしょうと自慢する。

だが、二人の関心事は、なぜこの小さな家が何億円もするのか、そこに尽きた。その疑問を解明すべく、あちこちの古い家の前に立ち止まる。なぜこれがそんなに高いかわからんなぁと、首をかしげている父。

昼食。横丁にあるパブでキャラメル・トフィー・プディングやパスタを食べる。

午後、雨が降り出す。

私たちが一泊でポーランドに行っている間に、ひとりで散策を済ませていた娘が、それでもママとおばあちゃんと三人でヒースに行きたいとせがむので、家で寝ているという父を置いて傘を持って出かける事に。

実は今回、娘に池で泳ごうとせっつかれて、母も水着を持参していた。やむなくの雨と異常な冷え込みでそれはかなわなかったが。

「秘密の抜け道を見つけたんだよ」と、張り切る娘の後に続く。

普段から山に登る母の歩き方は筋金入り、早い。いや勇ましい。

二人はおしゃべりしながらどんどん先に行き、ぜいぜい言いながら追いつこうとする私は、後ろ姿を見失いそうになった。

うっそうとした樹木のアーチをくぐり抜けると、たちまち開けた草原が広がる。

しばらくすると、少しずつ青空が広がり、小鳥のさえずりが聞こえてきた。

別天地ではヨガをやったり、犬とフリスビーを追いかける子どもの平和な姿が。


ベンチを見つけ三人で座る。いいところだねぇと、深呼吸する母。

この向こうにはね、真っ白で大きな家が立ってたよ。

『ノッティングヒルの恋人』に出てきた家だよと、娘の話は尽きない。

「ケンウッドハウスまで歩いたんだ」と感心する私。

木立ちをぬける風は、樹木の湿った匂い。

両親と娘に本当に見せたかったものなど、最初からなかったのかもしれない。

見せたかったのではなく、知って欲しかっただけだ。

ホーリーロウに刻まれた一つひとつのでき事。

ゴミの山に囲まれて寝た工事の日々。

カーペットが敷き上がったときのうれしさ。

同じ体験は分かち合えないとしても、こうしてでき上がったロンドンの家が、すでに私にとっては、イギリスの他の場所では見つける事ができない、豊かなものの中心だということを。

本当は、おじいちゃんとおばあちゃんと三人で、一日中この辺を歩きたかったんだ。少しがっかりしたようにすねる娘は、そう言いつつ母を守《も》り立てている。

この絶妙なテクニックはいったい誰に似たのだろう。

また今度お弁当作って来ればいいよと、母は幸せそうになぐさめる。

帰宅後、手持ちぶさたで番茶をすすって待っていた父をせかして日本への帰り支度。

ところが約束の時間にキャブが来ない。電話をかけても誰も出ない。

飛行機に乗り遅れると、下階のロブのもとに駆け込み、慌てて助けを求めると、「そりゃ、大変。だけど心配ないよ」と、彼の知っているキャブを呼んでくれた。

ありがたや、良き隣人。いつの間にか知り合いに昇格したロブ。

「また月末戻ってくるから」と言う私に、「セーフジャーニー」と手を振って送ってくれた。

「いい人やなぁ」と言いつつも気の早い父は、日本に着いてもいないのに、もう羽田から長崎行きの飛行機の心配をしていた。

第4章

五〇歳の暮らしと仕事

――あらたな出発は毎日用意されている

家があるという安心感に包まれて　5月30日〜6月11日

5月30日（日）

仕事が片付かぬまま、少々重い気分の渡英。編集部のマモル、ヨシ、部長、私の四人組。気の置けないいつものメンバー。いっときパッとしなかったサービスが向上したようなヴァージンで渡英。男性パーサーがキビキビ働く中、映画『Small Island』を見る。戦前戦後の二組のカップル、ジャマイカ人の男女の志の強さ、気高さに打たれ、少し気分転換できた。

ヒースロー空港のファーストトラック（入国審査優先カウンター）に並ぶ葉加瀬太郎さんを遠巻きに見つつ、三週間前に両親や娘と一緒に来た事が思い出される。我が家へ荷物を放り込んだのち、ヒースの南側にあるサウスエンドグリーンへ撮影に。

ピッコロ、ピッコロ、ラ、ラ、ラ、ラ、ラ。

歌うような小鳥のさえずりを深く胸に吸い込む。

ハムステッドに戻ったんだ。かすかな緑の匂い。

夜露が下りると濃くなる匂い。


母の解きかけたクロスワードがフラットの机の上にあった。

両親との日々、そして残像が残る部屋。

こんなとき、仕事や家づくりなど、一つのテーマでつながる人間関係は心安まる。

四人で動く気楽さ、安心感。そのありがたさ。

切ない気分も仕事モードのスタッフが散り散りにしてくれる。

モリさんの手紙がテーブルの上に、チョコも届けられていてありがたかった。

昨年の六月、七月、八月は、家探しがあまりに楽しく幸せだったので、平常心に戻ったときとのギャップに夢が断ち切れにならないかと、心配していた。

あれから一年経った。

そうしてわかったのは、新たな出発は毎日でも用意されているという事。

少し外の空気を吸おうと、ホーリーロウから歩くこと一〇分。ハムステッドのはずれ、サウスエンドグリーンでカフェを見つけるヨシ。スパゲッティを四人で平らげる。
日本人留学生がウエイトレスをしている店。
彼女は我らが雑誌「ミスター・パートナー」のファンで素敵な女性だった。
移民の多いこのエリアはハムステッドと少し雰囲気が違う。
それを日本人の私が、高級住宅地なのになぜと思うのは、考えてみるとおかしい。
私も移民の一人なのに、自分を白系イギリス人と思い込んでいるのだろうか。
恐ろしい妄想。
帰宅後、ベッドメイク、風呂、明日の整理。
マモルのいびきがうるさいのか、ヨシの咳《せき》が聞こえる。眠れないのか。

5月31日（月）

朝起きると、すでに部長が起きていた。
編集部より無事新入社員の採用面接が終了したとメールがあったそうだ。
正直、何のことか一瞬忘れていたが、心からホッとする。
部長がシャキシャキ撮影をはじめる姿は頼もしい。

マモル、ヨシは、七時に起きていつものベーカリーに直行。

だが、祝日のせいかまだ開店していないと八時に出直す。

相変わらずの盛況ぶり。母や娘がここのパンにはまった事を話しつつ食べる。

ひよこ豆のサラダ、フルーツヨーグルト、そしてクロワッサン――。

この店はいったいどうやって、いつ、これだけのパンを焼いているのか、四人で取材したいと盛り上がる。

マモル、ヨシが元気に食べる姿を見るといつもホッとする。


急いで家に戻り、マモルはヘンドンのホテルへ取材に出かける。

残る三人はアル・カポーネ氏のオフィスへ。一〇時少し前に建物の外で待っていた。

体調が悪いのか、少しつらそうなドン。

今年の不況でイギリスの経済も大変厳しいと言っていた。

一般住宅も、ビルも売りに出ないそうだ。売り主はマーケットの様子を見ているのか。

かつ、売却益、キャピタルゲインに最大五〇パーセントの課税とは。

いったい、この国はどうなるんだろう。

以前は日本はダメで、イギリスは自己責任の国と胸を張っていたのに。

氏の口ぶりからして一〇年以上かかる不況かも……と心配になる。

「ところで君はなぜ地主とのやりとりに、ドイツ人の弁護士Sを使わなかったのか」と言われ、更に気分が落ちる。

彼の口調はときたま私の心を直撃する。それを受け止めぬよう振り払う。


「ホームベース」で絵の具を調達。帰宅後、「ギャラリーK」へ出向く。

私が一目惚れしたハムステッドの絵を描く画家マイケルとのインタビューをアレンジしてくれたアンはとてもいい人。

マイケルはナイーブなカナダ人の青年。ハムステッドには毎週来るとか。

「シネマを見に」――「えっ、シネマ?」ですか。

イギリス最古の映画館の一つが今もハムステッドにあると聞き、うれしくなる。

いにしえの名は「エブリマン」。みんなで映画を――の楽しい語感。いいな。

彼に案内されヒース原野の「取り残された廃墟」を散歩する。

正式な名は「The Pergola and Hill Garden」。

管理はザ・シティ・オブ・ロンドンコーポレーションという事だったが、そこはまさに知る人ぞ知るヒミツの花園だった。

ハムステッドヒースには隠された遺跡ともつかない回廊もあった。都会の原野は人々の憩いの場となっている。

花とツタ植物の回廊。突如出現するマナーハウス。

ヒースの森には何があるかわからない、と思った。

マイケルの家は、マズウェルヒルのハイストリートから少し入ったところにあった。エドワーディアンのタウンハウス。

歩き疲れている様子だったので、アトリエを撮影したのち、庭で少ししゃべって帰る。

子どもはおらず。妻は勤務中だそう。

庭付きのビクトリアンハウスはとても高かったとか。

丘の街、マズウェルヒルからは、パノラマのように市街が見渡せる。

シネマや教会を改造したパブもある。

取材後、受賞歴のあるフィッシュ&チップスの店で揚げたタラをむさぼるように食べる。

迎えに来たジョンと名乗る気のいいおじちゃんの車で、ベイフォードという小さな村のはずれにある彼のサルベージセンターへ。

家や教会を取り壊したときに出る廃材やレンガを売る店。

大したものは見つからず。少し高値なのも残念。おみやげにステンドグラスを一枚もらう。

六〇代なのにロンドン郊外にわざわざ場所を借りて、解体現場から使えそうなものを探してきて売る根性はすごい。

休日なのに出かけてきてくれたジョン。妻から何度も電話が入る。その都度、ひたすら謝っている。

彼は愛妻家というより、お人好しなのだと思う。

日本人の客も多いというが、誰が買うの？　なぜ？　と思うような大きな柱、ホテルの壁一面に貼れそうな巨大ステンドグラスなどが多い。

このような商いが続くのがイギリスなのか。

マイペースのビジネスはすっかりお馴染みのものだが、倒産しないだろうかと、いらぬ心配。

山盛りの洋なしを一ポンドで買い、みんなでインド人の商店へ買い出しに。

夜は家で、五〇種類以上のスパイスが入った、旨い、辛い、韓国を代表するインスタント食品、「辛ラーメン」を食べる。

洋食に疲れたとき、必ず食べたくなる懐かしの味。

鍋で煮た辛ラーメンをみんなで分けるとき、マモルが合宿のようだとニコニコして自分で買ってきたチェダーチーズを切り分ける。

デザートはもちろん、ビタミンC含有量がレモン以上の洋なし。

その後、順番にお風呂。タンクのお湯を使い切らないよう、マモルとヨシの分を考えて腰までのお湯にラベンダー精油を入れて入浴。

日本では、ひねれば溢れんばかりのお湯が出るが、ここでは祈る気持ちで蛇口を回し、お湯が出るのを確認。バスタブに半分たまった湯で温まる。

お湯の出るありがたさを日本で考えた事はなかった。

チョロチョロシャワーで上がる。

打ち合わせ後、何とか一日が終わりホッとし、資料整理もできずベッドに倒れ込む。

6月1日（火）

六時半に起き、いつものベーカリーへ。

こうも連続してクロワッサンを食べると、もういいかという気もするが、相変わらずの商売繁盛に引き寄せられる私たち。

自宅に戻り鏡の枠のペンキ塗りを開始。

一日の終わり、スタッフとの打ち合わせ風景。リビングに資料を広げ、機材のチェックも。

ヨシとマモルに手伝ってもらい、鏡を掛けただけで暖炉周りがとても明るくなった。

一〇時にパラブが来る。セコムの女性も一緒だ。階段で電話する部長は東京の編集部に檄《げき》を飛ばしている。

東京の状況にムカついている部長に、パラブは相変わらずの余裕で話しかける。大男。優しいまなざしのパラブ。

何度会ってもホッとする。インド人なのにこの人なつっこい感じは日本人以上。

やって来たモリさんにもバスルームのシャワーパネルを取り替えたい旨伝える。

困ったのはボイラー。また暴走し、グウォン、グウォンと異常な音を出す。セントラルヒーティングが作動しなくなった。

イギリスのボイラーはなぜ進化しないのか。なぜ故障が多いのか。

日本のハイテク住宅メーカーは、壊れないセントラルヒーティングを輸出用に開発するべきだとメモする。

パラブが何とかしてみると言う。

下階のロブ宅の水漏れ事故も、結局屋根にもぐったところ、我が家のタンクが原因と判明し、一日で修理してくれたとか。

モリさんとパラブ兄弟がいなければ、ホーリーロウの家はどうなる事やら。

本当にありがたい。

外国に家を買うのはたやすいが、管理する人によって住み心地や心理的負担は違ってくる。

パラブに、赤ちゃんができたと聞く。冬の工事のとき、ラニは妊娠していたそうだ。

それなのに、欠陥シャンデリアに激怒し、雪道の中、私たちを車で送ろうとした。

勇敢なラニに拍手。愛される可愛い妻。

幸せはこの二人によく似合うなあ。


イギリスのセコムが日本以上に複雑なので心配。

私のようなアナログ人間は、誤作動で人を振り回す事が多そう。

覚える事はたくさんある。


大手不動産屋の鼻高な金髪の営業マンに来てもらい、私が買いたくてたまらなかった公営住宅、リフォーム済みのインド人労働者の家を再び見たが、以前とは激変。

モダナイズされた白い壁。ウッドフローリングに二つもバスルームを付けて（無理やり）、絶対あばら家のときのほうが良かった。住みたいと思った。

ゴミ屋敷同然の前の家には温かみがあった。

今は高値で売ろうとする投資家の魂胆見え見え。

そっけない営業マンは、ろくに話もせずさっさと帰っていく。

こちらの連絡先など何も聞かず。ロンドンの住宅営業マンはいつもヤル気なし。


部長とハムステッド郵便局の行列に並んでいると、何度も私たちを振り返り、「旅行なの？　こんなところに並んでいるなんて時間がもったいないわね」と、微笑《ほほえ》むおばさん。

ハムステッドはコミュニティと住人が素晴らしいとギャラリーKのアンが言っていたが、本当だ。

三〇年前の斜陽のロンドンを思い出した。

あの頃はパディントンあたりの中心部でも人が声を掛け合っていた。

だが、今はタンタカと前を向いて歩く人ばかり。

いつからニューヨークになったのか、セントラルロンドン。

部長とスーパーマーケット「テスコ」に向かう途中、アンティークキルトの店を発見。
飛行機で見たドキュメンタリー（女ひとりが老朽家屋を改造する）を思い出し、
ホーリーロウに似合うエドワーディアンキルトを二枚買う。

ピンクと黒のコンビが美しい。

前オーナーの古いベッドもこれで見映えが良くなるはず。一枚約五万円なり。日本で買えば二〇万円はするだろう。

一生モノへの投資か。

三〇年以上、キルトを売り続けた店主クリスは、キルト収集が趣味だという。

イギリスではこの手の人が多い。ずっと何か好きな事を続ける人。

続ける事でその人に自信や品格が付いてくる。

やりたい事を明確にした人はフラついていない。

近いうちに私の読者を連れて来ると約束する。

あっという間に昼。慌てて戻り、着替えて「フォートナム&メイソン」へ。

葉加瀬太郎さんのコンサートinロンドンは老舗デパートで。

まず高田万由子さんのエスコートぶりに感激。彼女があでやかに人と人をつなぐ。

ロンドン三越の支配人と「JP-BOOKS」の店長もごあいさつに見える。

高田さんに紅茶の先生を紹介され、一緒に座る。上品で優しい日本人マダム。

紅茶作法の指南を受けてホッとしつつ、葉加瀬さんのコンサートを聴く。

自力で英国社会（日本人村含む）に溶け込んでいったお二人。プロダクションの力でなく、髙田さんの力だったのだと改めて思う。

髙田さんを見そめた葉加瀬さんの眼力もすごいなぁ。

彼の人柄の良さ。明るさ。子どものようなところ。

髙田さんはお母さんのようにそれをリードしている。


駐在員の奥様たちの若さにびっくり。まだ三〇～四〇代か。

東急線沿線の自由が丘、田園調布、横浜あたりを切り取ったような雰囲気のティールーム。

葉加瀬さんのバイオリンを聴きながら、日本人はすごい、海外でも日本人はかくも一流店で演奏をし、観客と一つになれるのかと思った。


終了後、ヨレヨレの服を着るヨシに白いシャツを買ったらと、部長と二人「H&M」へ引っ張っていく。すごい人混みにめまいがする。

私は一寸、セルフリッジデパートのハイストリートブランド「NW3」のコーナーへ避難。残念ながらデザインはイマイチ。シャツを買ったヨシと部長、三人でハムステッドに戻り、奮発して日本料理を食べに行く事に。

ところが部長がヨシと話さないことに閉口、ヨシも口数が少なくなる。

三人三様に疲れ切っていたが、しだいに自分ばかりが仲介役のように話している事に気付く。

なぜもっと部下と話さないのだろう。

「ロンドンに来てまで気を使わせないでくれ」と言えば、みな気分が悪くなるから黙っている。

それとなく水を向けるが、だんまり。注文をとりに来た店員とのやりとりまで私にやって下さいというムード。

一日中英語を話して、もうひと言も喋りたくないのに……。

買い物があるからと、先にひとり店を出る。

キョトンとしたヨシに申し訳ない。部長にも。

せっかくの和食が台無しか。

けれど、ひとりになりたい気持ちを抑えられない。

海外出張にありがちな内輪揉めと、ストレス戦争は避けなければならないのに。

ここまでやるか自分。これでは明日からが心配。

ホーリーロウに気まずい思い出を刻んではならないのに。

気晴らしにニューエンドにあるインド人の商店へ。だが予告もなく閉まっていた。

帰宅するとヨシが「お帰りなさい」と言う。

「ただいま」と言い、牛乳買えなかった、ごめんと言い訳。

誰もそれ以上言及せず、明日の準備をしている。

つけっ放しのテレビ、BBCのコメディが緩和剤。

帰ってきたマモルが今日一日のでき事を話し始める。

彼のおしゃべりから逃れるようにそそくさと部長が立ち去ると、マモルはカメラバッグを整理するヨシに向かっていった。

逃げるヨシがシャワーを浴びようとバスルームに消えると、最後の一人、キッチンで洗い物をしていた私と目が合う。

来るぞ、来るぞ。でも避けてはいけない。

夕食中座の償いはマモルの相手をする事。

彼の話に、へぇ、そうなんだ、すごいねと、大げさなリアクションを乱発。

ますます勢いづくマモルは、淋しがり屋で話したがり屋。

ジャージ姿で濡れ髪のヨシが戻って来て「お前、いいかげん風呂入れよ」と言う。

彼らしいピンポイントの気遣い。一日の終わりのささやかな赦し。

6月2日（水）

部長とヨシとピカデリーの中華レストラン「ワン・ケイ」へ取材に。

一九歳のとき、初めてこの国に来た私は、行きずりの中国人にここでご馳走《ちそう》してもらったことがある。

ここでは、物価高のロンドンでフィッシュボール・ヌードル（かまぼこ入りラーメン）が約五〇〇円で食べられる。三〇〇席あるという、ソーホー最大級の国民的人気の食堂。無愛想で、手裏剣《しゅりけん》のように皿を投げる、最悪の給仕で有名な愛される店。タイムアウトなどメディアの受賞歴なしというのもいい。

ほとんどの留学生、貧乏旅行者がこの店にはお世話になっているはず。今でもロンドン滞在中、必ず一回は来る大好きな店だ。

三〇年間どんな人だろうと思ってきた、その「ワン・ケイ」経営者に今日初めて会う。君たちの雑誌が初めて受ける取材だと聞き驚く。光栄な事極まりない。

インタビュー中、ときどき目をそらす彼。ナイーブな香港《ホンコン》チャイニーズ。

「この店、従業員は誰も辞めない。不況でも売上げ落ちないよ」

一時間のインタビュー後、中華料理をたらふくごちそうになる。

同じアジア人のよしみか、渋々ながらケータイ番号も教えてくれた。

その足でマモルと「ロンドン・チャイニーズ・コミュニティ・センター」を主宰する香港マダム、クリスティーンに会う。

薄いピンクのショールをまとい、ひざ上丈の黒いワンピース姿が素敵だった。

品格と知性溢れるエレガントな女性。エレガントとは彼女のためにある言葉だと思った。

これまで素通りしてきた、ソーホー・チャイナタウンに集う在英中国人高齢者の現実を知る。

異国で生きた人々の晩年は、英語や医療問題など大きな壁が立ちはだかる。

公民館のような一室で中国将棋を指す高齢者の大半は英語が話せない。

行き場がないため終日ここで過ごすらしい。

イギリスに家を買ってから、なぜか移民の姿に目が行く。

私がもしこの国に移住したら晩年はどうなる。いや、その前にキド社長はじめイギリスで一世一代、ビジネスを叩き上げた日本人の最後はどうなるんだろうか。

戻りたいけど、戻れない道。

その孤独と切なさは、考えるだけで身が縮むようだ。

私の家族は日本にいる。私の友人は日本にいる。私の地盤は日本にある。

けれど、この国無くして私の魂は輝かなかった。

イギリスが好きで好きでたまらないわけでは、とっくにない。

ただわかっているのは、病気や金銭など何かの事情で、もし、この国に二度と来られないとなったら、私の半分はそげ落ちてしまうだろう。

それでもどこかで何かをしながら生きてはいくが、そのときはイギリスで過ごした月日が血肉となって、半分になった自分を最後まで引っ張り続けてくれるだろう。


夕刻、ハムステッドに戻り額縁屋（フレイマー）へ行く。買ったフレームが絵に合わないのだ。

これでは素晴らしい絵を描いた画家に申し訳ない。

とても親切なクリスという店主が明日までにサイズを詰めてくれると約束してくれた。

しかも一五ポンド、二〇〇〇円少々で。申し訳ないような気になる。

それにしても必ず街角に額縁屋があるのがイギリスらしい。

誰もが壁に絵を飾るから、こんな小さな商売が成り立っているのだ。

ヨシはアンティークキルト店の店主につかまり、機関銃のように自慢話をぶつけられていた。それを裏窓からのぞき込む私。

ここで足止めをくらってはいけない。一足先に「ホームベース」へ。

だが、探していたセントラルヒーティングのタオル掛け……なし。

なぜだろう、外に洗濯物が干せないこの国では必需品なのに。

今日もたっぷり洗濯して、干すとこなし。

ヒーターをレベル一にして、バスルームのパネル（タワー）の上に四人分の洗濯物を干したものの、生乾きになるのが嫌で、快適な洗濯環境を作りたいと、タオル掛けの事ばかり考える。

スーパー「セインズベリー」で紅茶や水、トイレットペーパーを買い、愛する辛ラーメンを、インド人経営のコンビニで買い占める。一袋一一〇円ぐらいか。

バスに乗って帰宅。「ワン・ケイ」で満腹の私たちは、夕食に残り物のパン、チーズ、洋なし、辛ラーメンを分け合って食べたのみ。

それにしてもいつも残業続きだった彼らは、ロンドンでよく食べ、よく走り、よく寝る。

二人とも英国生活が長かったからか。エネルギーが全開し、はばたいている感じ。

新婚のヨシ。カメラ小僧のマモル。若き彼らの未来を想う。

いつか出版社の社長が、「会社というのはね、できれば後に続く人たちにちゃんと手渡してあげるものだよ」と私に語った。

あのときの社長の言葉は私の座右の銘となった。

教えるという事は、譲る事だと言った人もいる。

そうだな、そのとおり。

ロンドンに来ると、普段考えないたくさんの事がニョキニョキと頭をもたげる。ノートに書こうとすると、幻のように消えるコトバ。

ロンドンでうんと走り回って仕事をした一日。

たくさんの人に会い、街角から触発された自分がいる。

6月3日（木）

昨日、時差調整で入眠剤を飲んだので、朝から眠く、ついイライラする。

今日も一日取材。ロンドン東部、ベスナルグリーンのカフェへ。

イタリア人のママがキッチンでシェパーズ・パイやラザニアを作っている。

イタリア系移民なのにコリン・ファースや『ハリー・ポッター』スタッフの面々も来る

カフェをキープするとは。共に働く息子の母への尊敬の念、いたわるまなざしは献身的。私はママのデザートが絶対おいしいと踏んでゴールデンシロップがけカスタードプディングを注文。

こんなおいしいカスタードを作れるとは、ママは本当に愛情深い人だと思った。世代を継いで店を続けるイタリアンファミリー。ロンドンでも代表的なうまくいっている食堂ではないか。

その後、ショーディッチ財団のスミス青年を訪ね、インタビュー。

かつてブレア労働党新政権は、「英国を一つに――近隣再生国家戦略」という報告書をまとめた。

過去の大規模公営住宅の都市部集中建設は、特定地区に貧困と失業を集中させたとしてイギリスの最も衰退した三九の地区の雇用、犯罪、教育、健康、住宅を平均レベルに近づけようと、一〇年間で約二〇億ポンド（約三〇〇〇億円）の予算を組んだ。

この三九の一つに選ばれたのがロンドン東部ショーディッチ周辺だ。

二〇〇〇年に結成されたこの財団は、貧困の代名詞イーストエンドの教育、医療、住宅問題を改善すべく立ち上げられた。

一〇年で行われたプロジェクトは四〇〇以上。極めつきは住宅政策。

運河沿いの閑静なエリアに三年前建てられた近代的な建物の半分は、低所得者層に住居用として提供されている。

一DKからファミリータイプまで家賃は月わずか二七〇ポンド（四万五〇〇〇円）。

片や残り半分は営利目的の分譲住宅。一区画は五〇〇〇万円前後で、どちらに住んでも共有スペースで顔を合わせる仕組み。

一つの物件を別な階級の人々がシェアして住むスタイルは、今、イギリスでとても増えている。

財団の活動は「支援」というより「投資」だと彼は言う。

いずれ利益を生む支援とはいい発想だなぁ。

日本のニュースで見るような「天下り」「渡り」で財団＝税金泥棒といったうさん臭いイメージは、イギリスにないと聞く。

肝心なのは世の中を信じられるか否か。

これって、積もり積もれば、かなり大きな国力の差につながると確信した。

それにしても寄付文化の乏しい私たちからすれば、階級、差別、貧富を是正するボランタリー組織が国の根底を支えている図式はイメージし難い。

そもそもスミス青年を訪ねたのも、センスの良いエコレストラン&ソーシャルハウスの広告を見たからだった。支援といえども、野暮ったいビジュアルでは誰も興味を持たない。アートの力、偉大なり。

部長と二人で歩いていると、奇妙な手芸用品の卸センターを見つけた。キラキラアップリケを売るワーキングクラスの店員たち。倉庫の中でやる気なさそうに働く人々と、ここにアパレル業者が買い付けに来る関係性を考える。

マーケットで売られている一~五ポンドの安い服。そんなポリエステルのドレスに付いているスパンコールの飾りだ。こういう服を着てロンドンで日々暮らす人たちもいるのだと思う。

続いてハックニーへ。昔、イングランド北部のニューキャッスルあたりで見たような薄暗いパブに白人イギリス人がいた。バスが次々やって来る大通りから、教会方面の生活用品を売る商店街へと進む。

安い靴、安い服、ファストフード、まずそうなカフェ、移民労働者、路上のゴミ。イギリスの街は本当にたくさんのバリエーションがある。日本人ならこのように我が街が変わる事を許せないはず。貧相なものを受容し同化していくことは、懐の深さではなく退廃では。

その後、部長と別れ、ハムステッドの額縁屋に寄る。額の修理は完了していた。少しネジが出ているだけで一五ポンドを一〇ポンド（一五〇〇円）にまけてくれた。今おつりがないから、支払いはいつでもいいわよ、と美人の妻。何か余裕しゃくしゃく。でもいったいなぜ。一見《いちげん》の客に付けを許すなんて。


ホーリーロウに戻り額縁に入った絵を飾ってから、ベルサイズパークの書店へ。ハムステッドヒースの地図と、以前私が翻訳をしたブランチ・エバットのポケットブックの原書二冊を購入。

顔見知りになったミス書店員は、三週間前にヒースポンドに泳ぎに行ったとか。うらやましい。白鳥と泳いだ早朝の池が忘れられない。

オーガニック八百屋の店頭に初夏の味、大きないちごが並んでいた。いちごの食べ歩きは果汁で指先がべとべとになるが、甘くてやめられない。

単行本に使うピルグリムズレーンの住宅外壁から飛び出した、奇妙な女の像の写真を撮影後、再びハムステッドのはずれサウスエンドグリーンへ。

ロイヤルフリーホスピタルやハムステッドヒース駅を見ると切なくなる。

一年前、パソコンでこのあたりの物件を探していた。

ストリートビューで何度も垣間見た街は、住んでみれば想像以上に素晴らしかった。

部長と二人でいつも混み合っているパブに行くと、運良くテラス席に座れた。

ハムステッドの街路樹からそよぐ風を受けて食事。

近所にこんないいパブがあったと喜び合う。

部長はステーキ、私はタコのサラダ。幸せって小さな事でかなうのだと思う。

が、門柱のてっぺんに皿を持ったまま体育座りした若い男がバーガーにかぶりついていた。体ごとこちらを向き、高見から私たちをジロジロ見ている。気味悪い。

何かされるかもと、そうそうに席を立つと、野生の小動物のように素早く私たちがいたテーブルに自分の皿を置いた。

テラス席に座りたかったのだ。片手にペーパーバックを持っている。

本を読みつつ、風に吹かれて食事を楽しみたかったのだろうが、ここまで執着するか。

アルマーニのシャツを着た富裕層らしき君。

6月4日（金）

ヨシ、マモル早朝五時起き。ロンドンブリッジの泥棒市を取材。

私は六時起きしてユーストン駅に向かい、彼らと合流。

山の尾根を走る列車に乗って、ヨークシャーの小さな村デントのデザイナー、ソフィーさんを訪ねる。

彼女が作るニットの撮影をするためだ。

彼女は相変わらずひまわりのように明るく、大きい。

元教会を瞑想《めいそう》ホールにしたロンドン出身の女性を紹介される。

中国のものという瞑想室の鐘の音は素晴らしかった。

教会の庭で食べたソフィーさんのサンドウィッチ。写真では和気あいあいだが、実際はマモルらと取り合いの一〇分ランチ。エルダーフラワー水のおいしいこと。

トレイを運んできたソフィーさんの息子は、干上がった川をつたって丘の中腹の自宅に帰っていった。

何もかもが村の暮らしだ。

彼女の大らかさ。セーターを買い、お金を払おうと数える私に、信用してるからいいと言う。

慌ただしく乗り込んだ電車でチェルトナムへ。

ビデオを回すスタッフの松本が駅で待っていた。こういうところが彼らしい。日本から到着したばかりの編集部御一行だ。

他のスタッフと二手に分かれ、別々のB&Bを取材。私はマモルと二人でとびきり手料理のおいしいB&Bに宿泊する。

彼は二人になると天使のように屈託ない。

外で撮影していると、重なり合う牧草地の尾根に陽が沈んでいく。

羊のメェーという鳴き声、のどかな田園の夕べ。

自家製ソースがあまりにおいしいソーセージとマッシュポテトとチキンを平らげる。

「今頃、部長たちどうしてるんでしょうかね。こっちに来れば良かったのに」

ナイフとフォークをカチャカチャいわせ、屈託のない笑顔のマモルと静かな会話。

マモルと二人という設定もなかなか良いと思った。

明日からは年に一度、恒例の井形慶子ツアーが始まる。

ハイランドまで同行する長丁場の旅に、大勢の読者の方々が集まって下さった。私たちが知るイギリスを存分に紹介しよう。一一時半まで写真整理。爆睡。

6月5日（土）

ドライバー、太っちょニックの出迎えで、チェルトナムのロイヤルウェル（バス停）でツアーのお客様に会う。

いよいよコッツウォルズからインバネス、ロンドンを股にかけるツアーがはじまる。最初のあいさつではいつも緊張してしまう。

前回までは三年連続で身内やスタッフの親族がいた。

今回、身内が誰もいない事で気をゆるめてはいけない。

初日はコッツウォルズのお宅拝見。タウンハウスとコテージ。

以前から庭の素敵なお宅があったので、飛び込み交渉。

「日本から来たグループですが、お宅を見せていただけませんか」という申し出に、どうぞと家の中を見せてくれた奥さん。

こういうところがコッツウォルズの善良なご婦人っぽい。

素晴らしいインテリアだ。申し訳なくも入れ替わり立ち替わり二五人で見学。イギリスではアポなしで「お宅拝見」を断られた事がない。家好きな彼らは、我が家を見せて自慢話をするのが大好きなのか。

午後、ツアーから離れて部長とモートン・イン・マーシュ郊外にあるビジネスセンターへ。プレハブの物置に似た箱形倉庫が並ぶ。靴屋「ビル・バード・シューズ」取材。二五歳、大卒のセクシーな女の子が、ここのご主人ビルを師匠と仰ぎ、「ビル、ビル」と慕ってひたむきに靴作りの修業を積んでいる。こんな若者に出会うたび、その向上心に感動し、打たれる。

車を飛ばし、ストウ・オン・ザ・ウォルドのタイル工房へ。オデッテさんとセバスチャン夫妻がせっかく迎えてくれたのに、お茶も飲まず商談で終始。悪かった。

唯一、私の提案したコッツウォルズ一二カ月のタイルシリーズについて「僕らにとっても良き投資、インベストメント」と言われうれしかった。

すっかり疲れ果て、ニックにお客様の移動を頼んでチェルトナム市内に戻る。ほとんどの店が五時過ぎで閉店。何軒かの営業中の店を見て回る。

チェルトナムから四〇分ノースリーチ郊外の集落にたたずむコテージに部長と到着したのは夕方六時前。

まだ昼間のように明るかったので時間感覚はマヒ。おばあちゃん怒っていた。

二段重ねのケーキ+サンドウィッチ+クッキーと紅茶を用意してくれていた。

これこそ本物のコッツウォルズ生活だ。

夕食後もおばあちゃんとワインを飲みながら三人でずっと話す。

彼女は一人暮らし。SONYに勤める息子がひとり。

どっかり腰の据わった生き様。五つの庭も庭師なしで自ら手入れするという。

部長のたどたどしい英語もちゃんと通じて、深い会話ができる人。

一一時頃まで階下で皿を洗っている音を聞きつつ、一人で生きる事の潔さと切なさを感じた。どうすればこのような生き方ができるのか。

彼女のような人に会えるから、イギリスは力強いと思えるのだ。

6月6日（日）

何とか天気も回復。ツアーメンバー待望のチェルトナムのカーブーツセールに同行。

家具や古着など、小銭で買える青空市。

バカラのグラス五ポンドなり。きれいな形の椅子も買う。

ツアーに参加したNさんが大量買い。

ガーデンセンターで話した彼女はいろんな知識を持っている。

彼女に勧められ、私は珍しい球根を植えるためのスコップを一つ買った。

コーチ（長距離バス）は一路、全員を乗せてスウィンドンアウトレットへ。

ところが、大好きなカラフルネクタイを売る「ピンク」もお客様がお目当ての「バーバリー」もなくなり大ショック。部長もテンパってウロウロするばかり。

何人かの方々とすれ違いざまに「あと五分ですよ」と言うと、怪訝《けげん》な顔をされ、自分の時計の狂いに気付く。まだ二〇分もあり、ヒヤッとする。ごめんなさい。

お客様は何らかの形で私の本や「ミスター・パートナー」と出会っている。

私よりもっと上手に接する人もいるはずと自己嫌悪。

そろそろ洋食疲れが出る頃。コッテリ脂み、大甘フルーツケーキ、ベーコン、目玉焼きも、もう見たくないとおっしゃる方も。ハムステッドの日本レストランで、ツアーのみなさんにおにぎりを握ってもらおうかと思う。

するとツアー企画会社のヨシモトさん、ロンドン三越支配人に電話をして交渉してくれる。長い知り合いとかで商談成立。ユーストン駅にわざわざデリバリーしてくれると。少し高いが板前さんのおにぎりが楽しみ。それにしてもロンドンの日本人社会は狭い。髙田万由子さん、ヨシモトさん、三越支配人と、どんどん人がつながってゆく。

お客様たちを連れてハムステッドに行く予定がコーチの運転手が道に迷って時間切れ、余計な荷物を置くため、後発で日本を出た編集部員を伴い、ツアーを離れ地下鉄でホーリーロウに戻る。

ハムステッドの駅を出るとハイストリート。ホッとする。

ツアー中にチェルトナムのカーブーツセールで買ったテーブルを運ぶスタッフの歩みも早まり、家に近づくと小鳥のさえずりがいっそう大きくなる。

都心から吉祥寺に戻っても落ち着くが、あれとは違う。

いつも自分の夢にたどり着く感じ。この感覚はいつも変わらない。

部長はまたも自慢気に部下たちに部屋を見せる。他は荷物の積み替え。

急いでユーストン駅に戻り、お客様と合流しハイランドの玄関口、インバネス行きのナイトスリーパーに乗る。日本でいう夜行寝台。

これは今回のハイライトの一つ。私のイギリス一大好きな路線だ。私とマモル、その他はラウンジに駆け込み、席を取る。お客様たちがニコニコしながらラウンジにやってくる。(というか、連れて来てとヨシモトさんに頼んでいた)占領してひんしゅくを買うのはわかるが、みなさんにこの大好きな車窓ラウンジを経験して欲しかった。

ビールやジンジャーエールをどんどん注文する。ラウンジの大半は日本人。参加者のひとり、建築家のアベさんは友達と共にギネスでごきげんになる。女性陣もよもやま話に花を咲かせるなか、給仕の黒人男性がひとりで行ったり、来たり。ほとほと酔ったので、個室寝台に戻る。原稿整理もできず、化粧を落として、寝る。

6月7日(月)

朝、列車は無事到着。インバネス駅で待っていたコーチで、スピリチュアルの聖地フィンドホーンへ。

ハイランドに来るといつもエッセイの素材を探していた昔を思い出す。

冬の強風にさらされてフィンドホーンにもよく来た。

エコヴィレッジを歩いていたら、西スコットランドのエレイド島で取材したポールがいた。すでにヨシとマモルとは会っていたらしく、彼らは興奮していた。

再会のハグ。しっかり抱き合う。

ポールは瞑想中、精霊に島を出ろと言われたらしい。

そうして島を出たけれど、エレイド島が、自分のボートが、島の生活が恋しいという。

昔家族で行った懐しの食堂でバイキング形式のサラダランチを食べる。

無農薬の野菜はいつかまた食べたいと思っていたので、うれしかった。

みんなで歩いていても、私が人の家の写真を撮ろうとバンガローに「ハロー」と臆せず入っていくので、日本人のガイドさんは驚いている。

おばけキャベツが育つ霊的な磁場、フィンドホーン。この雰囲気を写真に収めることの難しさ。

井形さんは何か感じましたかとお客様に聞かれたが、やることが多すぎて正直それどころではなかった。

インバネスに戻り、ジュディスのセーターを売るネス川にかかる橋のたもとの店に。

英国クラフトのすごさ。この店に来るときれいな色の洪水で頭がクラクラする。すごい数のセーターは、私がこの世で一番見たいものの一つだ。

できれば一日中ここにいたいと思う。

ビクトリアンマーケットからネス湖、アーカート城、最後にお客様をそれぞれのB&Bに案内する。

三〇代の自分がそこら中にいる。重たいリュックを背負ってヤッケを着て、一眼レフで目にするものの全てを収めて日本に持ち帰ろうとしたあの頃の私。

夜景の見えるインド料理店の席を取っていたが、オーナーが変わって、味がイマイチになっていた。机の並べ替えで店の人とケンカ。もうクタクタ。

部長がみなさんにあいさつをする。

窓からは夕暮れのネス川がオレンジ色に染まって見える。

ついに哀愁のインバネスにお客様をお連れした。

食事の後、全員でエーコンハウス（幽霊が出るB&B）を見に行く。

ブリテン諸島最北端の島、セントキルダ島。はじめて手がけた歴史物はこの宿で受けたインスピレーションから生まれた。物静かなオーナーは不在。

夜半、コロンバホテルでスタッフとコーヒーを飲む。社員水入らずもいいものだ。寝不足が激しいのに、昨日聞いた霊的な話で頭が冴え、おまけにシャワーが勝手に吹き出した。ハイランドでたまに遭遇する、私特有の精霊とのシンクロ、またはじまったかと凍り付く。

ヨシとマモルは広いツインだからベッドを替わってマモルと同室で休もうと思ったが、彼らが気を使うと悪いので、やはり自分の部屋に戻り入眠剤を飲む。

6月8日（火）

朝からヨシモトさん、私たちの見送りに元気にダイニングに下りてきてくれた。食事をかき込み、ツアーから外れて、インバネス空港から小型飛行機で約一時間北方のオークニー諸島へフライト。

島でニットのブランドを立ち上げたジュディスさんに会いに行く。

彼女は夫と二人で倉庫のようなカークウォールの空港で待っていてくれた。イギリスの遠隔地は、駅も空港もみな似たようなもの。

今回は三時間の滞在。車で他の取材先も一緒に回ってくれるとありがたい。

カークウォールは「教会の湾」を意味するノルマン語が名の由来となった港町。天然の良港に恵まれ、漁業とウイスキー製造が盛んな事で知られるこの町には、一六世紀から一八世紀にかけての家や建造物が立ち並び、オークニー特有のもの哀しい旅情が漂っている。

お店でデパートで開催予定の英国フェアに向けたサンプルセーターを五点決める。一〇年以上昔、初めてこの島を訪れたとき、通り過ぎた街。

あのときからずっと気になって仕方なかった店に再び来られた。それだけに感慨深い。ジュディスさんの本拠地だけに品揃えはすごいこと。インバネスにも支店を出すのだから繁盛しているのだろう。

何よりも、遠隔の島をクラフトと観光で定住率を上げるなど、すごい発想だと思う。どの店もクラフトのレベル高し。島に点々と残るショップをのぞくとあまりに素敵で動けなくなる。港に面したパブで食事をご馳走になる。オークニーのフィッシュ＆チップスを勧められたが、確かにロンドンのそれよりずっとおいしい。

二度乳ガンになった彼女は、病気が心配だからと年下の彼と結婚したと言う。その気持ちはよくわかる。ひとりで生きるのは不安。病気のときは特にそうだ。

私も二〇代で離婚したときにガンになったなら、優しい男性を探しただろう。私はいつも北へ、北へと惹かれる。遠隔地ほど好きなのだ。この世の最果てとはどこなのか、いつも考えている。

撮影中、部長とヨシが同じ角度から同時に彼女を撮るのでダメよと指摘すると、ジュディスさん、私をじっと見ていた。コッツウォルズでもそう。いら立った気持ちは言葉が違っても人に伝わってしまうのだ。ロンドンを離れ、私もみんなも疲れているのか。

夕方のフライトでエジンバラ空港へ。タクシーで南へ下る電車に駆け込み乗車。マモルはスコットランドとの国境近くのホーリーアイランドへ。私たち三人はイギリス中部リンカーンへ。

町はずれのB&B、「オールドベーカリー」に泊まる。深夜一二時前に到着の私たちに、「ここは二四時間ホテルじゃない」と怒るオーナー。こういう質の良いB&Bでときたま遭遇する説教臭さ。堅苦しさ。でもこぢんまりしたタウンハウスは怖くない。

ぐっすり眠る。

6月9日（水）

朝からリンカーンで予約しておいたレンタカーをピックアップする。

ところが、メガネをかけた中年ミセスに、レンタカーは貸せませんと断られる。

国際免許証とパスポートではダメ。日本の免許証の正式な翻訳文を出せというのだ。

日本で取れる証明書は国際免許証しかないと説明しても、ボスが許可しないの一点張り。

三〇年間で初めてのでき事。せっかくフェアで家具を購入しようとここまで来たのに。

ヨシが「英語の免許証しか認めないというならば、ここは中国人にも車を貸さないのか」と抗議する。理論的だ。私は「プレジュディス（偏見だ）」と怒る。差別や偏見に対してイギリスはうるさい国だから。

ついに部長が、在英日本大使館に電話をする。

彼女は冷静を装い再び上司に電話。三〇分後、特別に今回は貸すとのこと。

大手レンタカー会社なのに独立採算性で規則が違うのだろうか。

想像外のあり得ない事態は、旅をすると必ず降りかかってくる。

その後、リンカーンのアンティークフェアへ。

牧草地で開催されるこのフェアには、約三〇〇〇軒のディーラーが集結する。お宝探しの巨大な市。今回で二度目。

緑と土の匂いがする広大な場内。ゴルフコースを回る感覚で、ぬかるみにも対応できるよう履き慣れた靴で挑む。

が、五キロ近く歩いて露店を見たため、欲しい物があってもどこに戻ればいいかわからなくなる。

ビクトリア時代のダイニングセット、ソファはたいてい大きすぎて使えない。

日本の家にもホーリーロウのフラットにも。

邪魔になるし、重たいし、値段も高い。

けれど、このフェアでは、小さめのアンティーク家具が申し合わせたように各露店に並べられていて、取っ手や飾り縁も凝っていて、値段も日本円で数千円からと持ち帰るためにバンを借りても断然安い。

ただし、もっと安くて良い物があるかもと、つい欲張ってしまい即決買いできないのが難。ぐずぐずすると人に取られる。日本からもバイヤーが来ているしと、焦る。

天性の決断力がなければ、こういうフェアで満足できる買い物をする事は難しい。

テクテク歩くうち、しまいには足が棒のようになり一歩も動けなくなったところで一眼レフをぶら下げたヨシに遭遇。倒れ込むようにベンチに座り、共に食べたハンバーガーがおいしかった。

最終的に二〇〇ポンド（三万円）でダイニングセット他一〇アイテムを購入。

このフェアでは、昼の一二時を過ぎると車で場内へ乗り入れて、買った家具など大物をピックアップしてもOKらしい。

ヨシが颯爽《さっそう》とマニュアルのバンを運転して、かかしのように露店の前に突っ立っている私を見つけてくれた。

助かった。靴ずれで一歩も踏み出せなかった。

これからリビングの主役となるテーブル木箱をアームチェアなどと共にトランクに積んで約二三〇キロ離れたロンドンの家へ運搬する。

窓のない真っ暗なバンの荷台。三人乗りのバンに四人が乗るのだから、当初は荷台にマモルを乗せて走る予定だったが、乗せていたら大変な事になっていた。

美しい赤レンガの建物が並ぶ、懐かしのハムステッド、
ヒースストリートに帰還。

「僕は寝てますから荷台でもどこでも平気ですよ」と彼はすまして言ったが、ブレーキを踏むごとに、買ったテーブルや椅子がガタガタ、右に左に転がる。その音を聞くたび、家具が傷付く事よりマモルを乗せていたらたんこぶを作りヨレヨレになったよねと、想像し、三人で腹を抱えて笑う。

A1からケンブリッジを抜けると、ヨシがスピードを上げた。

単調なモーターウェイが終わり、ロンドン北部ゴールダーズグリーンの丘が見えた。部長もヨシも「もうすぐだ」と身を乗り出し、満面笑顔。

そして現れたハムステッドヒースの新緑、うねる木々。

ハムステッドビレッジで最も美しいエリア、ウェルウォークを抜け、ホーリーロウを見たときは、本当に、叫びたいほどうれしかった。

夜遅くホーリーアイランドからキングスクロス駅に到着するマモルの帰宅時間に合わせて、四人で恒例の玉ねぎ入り辛ラーメンを作る。どんぶりがないのでラーメンをディナーセットのスープ皿に何とか入れ、フォークで食べる。

そこにマモルが帰ってきて、「島から本土まで歩いているうちに潮が満ちて、ズボンがビショビショ、潮臭い」云々《うんぬん》、いつにも増してペラペラ喋るので、みな逃げた。

地方帰りで洗濯物が山盛り。やっと家に戻り、ロンドンの自宅で洗濯できる幸せ。洗濯機の回る音。ホーリーロウの匂いにつつまれる。堅絞りのまま固まった洗濯物から香る粉洗剤。この家はみんなの誇りなのだと思う。

夜、ツアーのお客様に同行してロンドンに戻り別のホテルに泊まる松本より電話。みなさん、ハイランドの「ジョンストンズ」がお気に入りでしたよ。そっちはどうですか。何度もかけてくる松本は、眠れないのかもしれない。

6月10日（木）

七時に起きるもだるく、疲れ隠しで丁寧に化粧し、八時半にグレートポートランドストリート駅へ四人で向かう。

今日は井形慶子ツアーに参加されたお客様との最終日。

サリー州のハイ・ダウン刑務所でランチを食べる。イギリスに根付いた社会貢献、刑務所内にフレンチレストランを作り、受刑者を一流シェフに訓練する元五つ星レストランのシェフ、クリスと会ったのは半年前。

どうしてもこの仕組みを日本の人に見せたかった。

私の要請もあり、ツアーに組み込んだのだ。

お客様は初めて訪れるイギリスの刑務所に入ると、緊張と興奮の面持ちで、パスポート検査などを受けていた。

所内は鉛筆一本持ち込めない。貴重品も含め、すべてコインロッカーに入れて下さいと、ヨシモトさんは叫ぶ。

有刺鉄線に囲まれた塀の中のフレンチレストラン「ザ・クリンクス」。

看守に連れられ重厚なドアをいくつもくぐる。

開かれたドアの向こうに広がるモダンダイニング。

「ようこそ」と、懐かしいスペイン人のマネージャー、元受刑者のフランシスコとかなり長々と話す。

私たちの横で食事をはじめていたのは、クリンク財団の方々。

弱者を支援する人をお金持ちが支える。これがイギリスではある種のステータスとなる。

そのお手本のような富裕層たちは、みな、立派なスーツをお召しになっている。

大勢の客がいるにもかかわらず、厨房で受刑者に料理を教える発起人クリスは、とても大変そう。

前回は意気揚々とこのレストランの価値を語っていたが、今日の彼は疲れていた。世界中のマスコミが報道して以来、半年先のクリスマスランチもすでに満席という人気で、受刑者の訓練より、料理を作る事に忙殺されているのかもしれない。

ユニークな試みを愛するイギリス人に、このレストランは大ウケなのだ。

今日のランチ、メインディッシュはリクエストしておいたカニのラビオリ。

空輪で契約漁師より届いたカニを受刑者がさばくという。

カニみそソースの絡まった手打ちパスタ。

給仕する受刑者たち（大柄なアフリカ系男性など）にツアーのお客様が善意の言葉をかける。「がんばってね」とか「おいしい」と、拍手を送る。

この温かさに日本に行きたくなったと、マネージャーが感激していた。日本女性の年の功だ。

毎回、私のツアーには四〇代から七〇代までの女性が多く参加されるが、こういう場所での振る舞い方、愛情を込める術《すべ》をご存じで頭が下がる。

体調は、すこぶる調子いい。お客様ととても楽しく過ごしている。

刑務所を出た後、希望する方々を我らがハムステッドにお連れする。

私たちが何回も本や雑誌で紹介したアンティークボタン屋のおじさんは、事前に電話を入れていたため、到着をソワソワしながら待っていてくれた。

部長をこっそり手招きして、五〇ポンドのおひねりを渡そうとしたそうだ。マージンか。部長は受け取れないと返したところ、ボタン一つをプレゼントしてくれたとか。たまらなく素朴で可愛いおじさん。

アンティークキルトを売るクリスの店もツアーのお客様が溢れている。

名物のクレープを食べ、ヘルスショップでラベンダー精油を買い、タイル店をのぞくなど、短い時間でもハムステッドを歩けてうれしい。

その後、ロンドンブリッジのパブで最後の食事。少しずつみなさんの話を伺う。口々にツアーが終わるのが淋しい、とても楽しかった、心に残ったと言って下さり、お客様同士がいつの間にか身内のようになっていることに驚く。

毎晩、自然に集まって飲んでいたとか。

今日、私が加わった事で、最後の花火が打ち上げられたと松本も満足そう。

テムズ川をバックに記念撮影。そして本当のお別れ。

マモルと部長と三人で夕暮れのテムズ沿いを歩く。しんみりとした気分。

B&Bの取材に行っているヨシを待ちつつ、ハムステッドハイストリートの「コーヒーカップ」で放心状態のまま口数少なくコーヒーを飲む。

夜は荷造り。

ヨシと部長と三人で、キド社長にもらった上等の赤ワインを開けて、リンカーンから運んできた脚の曲線が美しいエドワード調の椅子に座り、雑談。

今回、スケジュール以外の世間話をゆっくりしたのは初めて。

今でなければ出てこない言葉がある。日本に戻ればいつもの仕事が待っている。

東京の編集部で日常に揉まれながら、この淋しさや満足感を語る事はできない。

寝室からは怪獣のようなマモルのイビキが聞こえてきた。

寝るのが惜しい夜。帰国してしまう明日にはこの部屋が空っぽになる。

6月11日（金）

七時起き。帰国のため部屋中のシーツを洗濯する。

部長とロザリンヒルの「ブレックファストパラダイス」へ。

おいしそうな店なので、マモルとヨシを呼び、バナナパンケーキとメキシカンブレックファストを注文。

キャブの迎えを三〇分遅らせてもらい、部屋中にシーツなどを干す。

洗濯機では間に合わないため、残ったシーツはバスタブに湯を張り、ローズマリーシャンプーで足踏み洗い。ビクトリア時代の洗濯女のようだ。

部長が滑りそうだと笑いつつ、大きな足でギュウギュウ踏みしめ、みんなでバスタオルもバスマットも洗う。脱水のみしてカーテンポールに全部干す。

朝陽の入る寝室の窓、西陽の差し込むリビングの窓全てに洗濯物がはためく。

今度来るときには白いシーツから陽の匂いがするはず。


リンカーンで買ってきた家具などを最後に撮影。

全部の部屋を点検。冷蔵庫も空にする。

満足感より寂寥《せきりよう》感がつのる。部長もウロウロ部屋中を歩き回っている。

もう思い出に変わっていくハムステッド。ここでのスタッフとの共同生活。

ホーリーロウを去るのが淋しい。

こんなことを繰り返し、家は確実に育っていくだろう。

第5章

日本とイギリス、寄りかからず生きていくために

海外出張にあこがれて

パキスタンのクーデターに巻き込まれて

「海外出張」――それにしてもなんとカッコイイ響きでしょう。このところ、日本と海外を行ったり来たりしている私は、ふと一〇代の頃を思い出しました。

一九歳で大学を休んで初めてヨーロッパにキャンプ旅行に出かけた折、地獄の南回り、ロンドン―成田間が三〇時間以上もかかる、格安パキスタン航空で帰路に就いたときの事です。

当時の、パキスタンはクーデターによってハク軍事政権が立ち上がっていました。国の情勢は不安定で、それを受けてか、まずヒースロー空港での出発が一日遅れてしまいました。

貧乏旅行者の私は、重いリュックを背負ったまま、係員が案内する高級エアポートホテルに移動させられ、「本当に日本に帰れるのだろうか」と、まんじりともせず夜を明かしました。

翌朝同便はかろうじて飛び立ったものの、給油のために寄航したイスタンブールでまた、足止め。あげく、パキスタンの都市カラチの空港で乗客全員が飛行機から降ろされ、今度はカラチ市内の高級ホテルで待機させられたのです。

あのときのパキスタンは異様な空気に包まれていました。乗客の中には、たまたまホテルの外に出た人もいたようで、「通りに人がたくさん倒れている」と、騒いでいました。

けれど、学生の私は事の深刻さがわからず、同室となった乗客の女性とベッドに寝そべり、別れたボーイフレンドの話で盛り上がっていたのです。

部屋の外には常に監視係が立っていました。本当に外は大変な状況だったのでしょう。夜中にホテルを探険しようと部屋のドアを開けると、肌の黒いギョロ目の男性が、「NO!」と行く手をさえぎりました。

ロビーでは連日、どこかの企業役員といった中年男性たちが、旅行会社の責任者らしき人、そして航空会社のパキスタン人と怒鳴り合っていました。

「他のエアラインに振り替えてもいいから、早く出国させろ」と、金持ち風の男性は、長い間廊下に響き渡る声を張り上げていました。

私たちはそのとき、国外に出られない軟禁状態だったのです。

そんな状況の中、私は乗客の中のまさにロンドンっ子そのままといった、黒尽くめの服装の若い日本人三人組を目で追っていました。

彼女たちは周囲の騒動など我関せずといったふうで、原稿用紙を広げ、何やら相談し合っています。

リーダー格のその中のひとりが手帳を広げて、「〆切りが……」とか「校正が……」と言うと、「大変だよね。このスケジュールじゃあ……」などと残りの二人もブツブツ言いながら、その辺のテーブルで原稿を書いています。

「うわぁー、カッコイイ。こんな状況で仕事している。彼女たちはもしや、ジャーナリストなのか」

数日後、やっとの事でカラチ空港を離陸した機中でも、絶えずペンを持ち、パンク三人組が何かを書いている様子に、私はすっかり圧倒されました。

長い黒髪に無造作にかぶった羽根付き帽。ロングコートの下にはエナメルのショートパンツをのぞかせています。

そのいでたちは、まさにさっきまで過ごしたロンドンのサブカルチャーそのもので、明らかに旅行者の私とは違うステータスをかもし出していました。

そのとき大学生だった私は、勉強にも、将来に対しても全てがあやふやで、「カッコイイ彼女らに比べて、私は何と中途半端なのか」と、自分をひどく惨めに思ったものです。

仕事とはカッコイイことばかりではない

「カッコイイ」、このキーワードは、今の若い世代の仕事観から外すことができません。やり甲斐を追求したり、友人や恋人の前で自慢できる仕事がしたい。今の職業に満足できるかどうかは、第三者がいかに「スゴイ！」とうなってくれるかにかかっているように思えます。

三〇代向けのファッション誌を読んでいると、定番の一カ月通勤服特集では、モデルたちが最新ファッションで登場します。

写真の説明文を読むと、「クライアントへのプレゼンテーションは、きちんと感のあるジャケットで」「外国人上司と一緒のカクテルパーティーは黒で決める」など、雑誌が想定する職業は、広告代理店や外資系企業など、やはりブランド感のあるものばかりです。

女性誌には一日中、指カバーをして請求書をチェックしたり、郵便局の窓口に並んだりする職業は登場しません。

最新モードに身を包み、カッコイイ仕事に就くか、パキスタン航空でみた三人組のように、若い頃から外国と日本を行き来できるなど、好きな分野の専門職に就くか。メディアからして、カッコイイ仕事があたかも最大公約数のように報じるのは、今も昔も変わりません。それが幻想だと、誰が教えてくれたでしょうか。

「海外出張」といえば、大型船でスコットランドの島々をくまなく巡る私に、マモル、ヨシ、マユミちゃん、いずれも編集部に配属されて半年足らずの新人三人を同行させたときの事を思い出しました。彼ら三人にとっては、初めての海外取材でした。

イギリスに暮らした経験のある彼らでしたが、現地では貧乏学生だったらしく、このクルーズとは正反対の日々をおくっていたようです。

彼らに「海外出張」を伝えたときのうれしそうな顔は忘れられません。

私ですら、ナショナルトラスト主催で、イギリスの大学教授や作家も乗り込むこのクルーズにたどり着くまで三〇年近くかかったのです。それを彼らは二〇代半ばという若さで現実のものとしたのです。

を馬鹿馬鹿しく思うかもと、編集部内には心配する向きもありました。確かに、経費もかかる海外取材を基準にして、仕事とはこんなものと勘違いされても困ります。ところが、ろくに出発前の準備ができない私に代わって、彼らはあれこれ資料を翻訳したり、撮影のための機材を揃えてくれました。

彼らにすれば、初めての海外での仕事です。毎晩、終電の時間までかかるイギリスとのやりとりは、編集部の壁にかかった日英それぞれの時を刻む時計をにらみながらこなしていたようです。

途中、仕事の多さからマユミちゃんが泣き出したり、英語のスキルが一番高いマモルが意固地になったりと大変でした。けれど、昼休みに弁当を食べながら打ち合わせをする三人に、上司らは、「青春だなぁ。あいつら、まるで『ハリー・ポッター』の三人組のようだ」とうらやんだものです。

確かにこんなに若いうちから仲間がいて、海外にはばたける仕事の基盤があるとは、何と恵まれた事だろうとつくづく思いました。

この三人は初めてイギリスに飛んだときの私とほぼ同年代。もし、あの頃の私が同じチャンスを与えられたら、おそらく世の中を制覇したぐらい有頂天になったことでしょう。

残念ながら彼らより長く働いた分、どこに行こうが、誰と会おうが、舞い上がる事はとても少なくなりました。良きにつけ、悪しきにつけ、何があってもどこか冷めた目で現実を見ているからです。

そんな自分にも残されていた夢がありました。

ハムステッドの家を訪れるたび、機上で歯ぎしりをした遠い昔の自分を振り返り、人生のはじまりの頃をなぞっているのです。

言葉にできない感情と向き合う

娘への愛

娘と二人、ロンドンの地下鉄に乗っていたときの事です。

前に座った若いイギリス人のお母さんが、抱きかかえた我が子に頬ずりをしていました。

隣に座る娘からそのとき唐突に尋ねられました。

「ねえ、私が死んだらどうする?」

そう言われ、出産直後、宇宙人のようだった新生児の彼女を思い出しました。

二五歳の私は、陣痛の痛みが抜けきらない体で、夜中に何度も起き出しては、新生児室に行きました。

ガラス越しに目を凝らすと、ゆっくり動く小さな指が見えました。

見れば見るほど奇妙な物体――これが私の赤ちゃんなのかと思いました。

真っ赤な顔の宇宙人は、日が経つごとに、愛くるしく、人間らしく変わっていきました。そういう娘を見ながら、このまま大きくならないで欲しいと願った事も、遠い昔のでき事です。

そんな事を思い出しつつ、駅を出てホーリーロウへと歩きます。

「実際にさ、私がいなくなったらどうするの」

何も言わない私に、娘はかなり不機嫌になっていました。

「いつもそうだよね」

何と答えればいいのか……。

「私の事は何もわかっていない」

オレンジ色の外灯の下で心情を吐露する娘の瞳が、濡れているようにも見えました。

あの日、薄暗い廊下から新生児室の一角をじっと見ていました。水中花のようにゆらゆら動く小さな手。つぶったままの目が一瞬開いて、もの珍しげにあたりを見ました。

うわっ、まるでヒトのよう。

息を潜めて私はここよと、祈るように、じっと見つめた自分。

話せば、「だから何よ」と言われそうですが、あの夜のでき事を私はずっと忘れずにいました。ただ、それを娘にうまく伝える言葉が見あたらないだけ。

夜勤の看護師さんからは、体に障るから、部屋で休むように何度も注意されました。「私たちが見てますから大丈夫ですよ」と、しまいには追い返される始末。

それでも部屋を抜け出し娘に会いに行きました。

大切だからこそ言葉にできない思いがある

そんな出産時の感動も、シングルマザーとして激務に追われる事でおざなりになった気がします。保育園とベビーシッターさんの二重保育での子育てを、娘がどのように感じてきたのか、いつも気になっていました。成長してから「幸せな家庭を持ちたい」、「やさしいお母さんになりたい」と、彼女が言うたびにどきっとしたものです。

一晩中でも張り付いて見つめていたかったあのときの気持ちを、そっくり箱に入れて、私はいつでも娘に手渡したいと思っているのに、口にすればとても軽い思い出話で終わってしまいます。

今も目まぐるしく動いている私の日常の片隅には、自分でもどうしようもなかったあの頃の感情が取り残されています。そこに立ち帰るたびに、生涯の夢を果たしても、自分には、人生の中でまだ乗り越えられない領域があると思うのです。

一見、順風満帆に生きているように見える人にも、切なさ、悲しみ、後悔などの思いは必ずあるはずです。それを陰りではなく、心のひだとして、他人への深い共感や思いやりにつなげる事ができれば素敵です。

女性が成熟するという事は、そういう言葉にできない感情と静かに向き合う事だと思います。

「捨てない暮らし」の楽しさ

思い出は飾っておく

ハムステッドの家では、苦心して買い集めた家具を目立たせるために、物をゴチャゴチャ持ち込まないよう気を付けています。今はシャンデリア、カーペット、壁の色、アンティークキルトなどを眺めるだけで十分、目の保養になるからです。

そもそも私は、捨てる事にひどく罪悪感を感じるタイプで、身近な物への愛着をなかなか断ち切れません。そんな私が、「捨てない」事をモットーに家を楽しむ女性をロンドンで見つけました。

美術学校の教師をしているムーディーは、幼い頃から物集めが趣味という気の良いおばちゃまです。途方もない彼女のコレクションの数々は、アンティーク収集などという枠を飛び越え、ユニークで個性的な部屋づくりに一役買っています。

ムーディーには二人の息子がいるのですが、それぞれ大学やアートカレッジに通っているため、すでに独立しています。

現在、ひとり暮らしをしている彼女は、他の親と違って、息子たちがいつ帰ってきてもいいように、子ども部屋をそのままにしていました。

これまで拙著でもふれましたが、多くのイギリス人は子どもが独立すると壁に貼り付けてあったポスターをはがし、ペンキを塗って花の絵を描くなど、美しくデコレーションを施す事で、荒れ果てた子ども部屋を再生しようと躍起になります。

ところが、ムーディーは一切手を付けませんでした。彼女は、何が我が家に似合うのかをはっきりわかっていたからです。

息子の部屋のドアにはポスターがそこかしこに貼り付けられていたのですが、それを背景に拾ってきたマネキンを置き、休暇の思い出であるタヒチ行きのチケットをマネキンの胸の谷間に挟み込んで展示。何ともアート的な雰囲気を作り出しているのです。

さすが元美術の教師。彼女の家には単体で見れば捨てて当然の物が、鑑賞できるようにオブジェとして所狭しと並べられているのです。

彼女が物置となっている屋根裏にめったに行かないのも、「ガラクタ」として片付けられるはずの物たちを、大切なコレクションとして見せているからです。

廃品集積所で宝物を探す

二人の子どもが育ったこの家では、階段の踊り場に置いた飾り棚に、フチの欠けた半端物の大好きなカップをコレクションして、壁には思いっきり古い貴婦人の肖像画を掛けていました。また、惚れ惚れするほどのコレクションを引き立たせるため、階段の壁を冷たく平凡な灰色に塗ったそうです。

彼女の「捨てない」人生のスタートは、子どもの頃にさかのぼります。

ムーディーは子どもの頃から物を収集するクセがありました。実は幼少時代、貧しくテレビも買えないという理由から、彼女の父はムーディーとその兄弟を、よく遊園地の代わりにガラクタがごったがえすバザーや、廃品集積所に連れていったそうです。ところが、家族の中でこの娯楽に夢中になったのはムーディーひとりだけでした。

「何もかもがタダ同然で転がっている。頼めば壊れた人形もタダでくれた。あれこそ本当の宝探しよ」

お金がないなら、捨てられるものから宝を見つければいい。私は彼女の父の明るい発想に共感しました。

今でも彼女の家の中に飾られているのは、その頃から集め続けたものです。グリニッジ彼女はアートカレッジに通ったのち、運良く家賃の安いロンドンのグリニッジにあるにある大きなフラットに引っ越しました。

部屋中をガラクタで飾り、現在では時代遅れとも言える安売りの「ジャンク」――偽物と呼ばれる古道具などを、地元のアンティークマーケットで選んでは家に持ち帰っていました。それが彼女にとって、「ごく普通の暮らし」を送るために欠かせない条件でもあったのです。

けれど離婚をきっかけに、現在のロンドン郊外に立つ小さな家への住み替えを余儀なくされました。彼女は悩みました。コレクションの品を十分に飾るスペースのあるグリニッジのフラットから引っ越すのはとても辛い事でしたが、母親として考えた末、質の高い学校の近くに移り住んだといいます。

捨てるより飾る楽しみがある

彼女は今でも、グリニッジのにぎわいや、自分の家だと感じる事ができた初めての住まいを恋しく思うそうですが、郊外で開催されるカーブーツセールに足繁く通う事で、しだいに元気になりました。彼女の長年にわたるコレクションは店が開けるほどで、今では毎日家中を眺めては、屋根裏や倉庫にしまってある置物などを出してきて、インテリアを楽しんでいるそうです。

飾り棚の奥に並んでいたため忘れていたお気に入りの品を思い出し、私などでは真似できないようなセンスで並べ替えを楽しむので、古臭い家に独特の雰囲気がかもし出されているのです。

彼女の家にはたくさんの棚やくぼみがあり、全てがぴったりくる場所に収められているると感心します。「コレクションを捨てるくらいなら、私は地下室に寝ても構わないのよ」というムーディーにとって、この物に溢れた家は、尽きない楽しみが詰まっているのです。

地価の高いロンドンでは、六〇㎡前後の小ぶりな家に住む人が多いのですが、彼女のように「飾る」事を心から楽しむ人の住まいは、きっちり片付けられた家よりも、長居したくなる居心地良さが溢れています。

私たちは生きていく中で、ガラクタと呼ばれる物と一切無縁ではいられません。おみやげ、贈り物、思い出の品々は、家族が増え、誰かと付き合えば必ずやってくるのです。私も彼女を見習って、捨てる事の努力より、飾って並べる楽しさについても考えてみようと思っています。

斜陽のロンドンを懐かしむ

ジェントルマンの価値観が残っていた頃

最近、二〇代の頃に訪れたロンドンを、やたらに思い返すことが多くなりました。サッチャー政権が誕生したばかりのイギリスは、今とは全く違うある種の退廃と労働者階級の活力が入り交じり、ケン・ローチの映画そのものでした。移民と白人イギリス人が適度に混在し、大英帝国の名残もあり、ジェントルマンの価値観もまだ健在でした。ロンドンでインド人や中東の人々と接しても、みんなが古き良き時代のイギリスの習慣に敬意を払うかのように、一定のマナーがあった事も忘れられません。

彼らはドアを開けて次の人を待ち、道に迷えば目的地まで同行してくれました。今では北部ヨークシャーあたりの小さな村にもアラブ、中国、東欧の人たちが暮らしていますが、彼らは自国の生活習慣をそのまま持ち込み、自国と同様に振る舞っている姿を見かけます。そんな光景を目の当たりにするたびに、この国は変わったなあと思うのです。

そんな事を、来日したイギリス人と話したことがあります。

彼も八〇年代のロンドンが懐かしいらしく、「あの頃は、月曜から土曜まで一生懸命働いて、日曜日は家族のためのものという区分けがあった」と言いました。

雑貨店とパブしか開いてない日曜日のロンドンは、パーキングメーターも動いていないため、どこに車を止めてもとがめられませんでした。ポートベローロードのマーケットの屋台の大半では、一般人が家からアンティークや中古品を持ち寄って、言い値でいろいろな物を売っていました。

ビクトリア朝の大きな家に住む「捨てられない高齢者たち」は、広い屋根裏部屋に物をストックするのが常でした。老人亡き後は、それを家族が引っ張り出してマーケットで売るので、とても価値あるものがポケットの小銭で買えたのです。

私の友人はブライトンのマーケットで中国製の立派なついたてを「この古美術品をいくらで買いたいか」と売り主に聞かれ、限界の六〇〇ポンド（九万円）で折り合いをつけて購入しました。

ところが、ロンドンに持ち帰った後、知り合いの弁護士に見せると、すぐに保険をかけろと忠告されたそうです。不思議に思い、その道の専門家に鑑定を依頼したところ、ついたては六〇〇〇ポンド（九〇万円）の価値ある逸品とわかりました。

市価の一〇分の一の値段で古美術品が買えるなど、今ではあり得ない事だと、友人は言いました。

この懐かしさはどこから来るのか

あの頃、クリスマス前にマーケットをのぞくと、少しのお金でボーイフレンドに贈る紋章入りの指輪（シール・リング）も買えました。貧しく閑散としていたロンドンで、こちらも一文無しではありましたが、夢のようなでき事をたくさん経験したのです。そんな事を話し出すと、日本人、イギリス人を問わず目の色が変わり、饒舌になり、昔話に花が咲きます。

この感覚は、日本で今流行の、昭和を想う気持ちとも少し違います。昭和には悲しみと後悔が張り付いています。労働組合が社会を牛耳っていたあの頃のロンドンには、貧しい中にユーモアとノスタルジアが詰まっていました。そんな中で私はどん底から人生をスタートさせたのです。「できるなら、あの頃のイギリスに戻って欲しい」という人が四〇代以上のイギリス人にとても多い事にも、驚かされます。経済発展で消えていったものは、経済発展では補えません。いえ、お金がないからこそ根付く、生活習慣や文化もあるのです。

ハイドパークの散策、お宝の詰まったマーケット、炒めたオニオンとハンバーグの匂い。それをひどく幸せだと感じる心。

ショッピングが今のようにエンターテインメントでなかった時代のわびしい日曜日は、今よりはるかに輝いていて、インド人の商店やローカルマーケットにその名残を感じるとき、たまらない懐かしさがこみ上げてくるのです。

あとがき　あらたな人生がはじまった

白のロングドレスを真似しよう

「ロンドンでビクトリア朝の家が欲しい」というこだわりをクリアし、ハムステッドに拠点を持って一年が過ぎました。この間、何度もロンドンと東京を行き来し、編集部のスタッフや両親、家族など大勢の人たちを隠れ家に招き、共に過ごしてきました。

夏にはハムステッドヒースのはずれにあるケンウッドハウス・ピクニックコンサートにも出かけました。三〇年近くイギリスに通っていたのに、野外コンサートは初めての体験で、ラグも持たず出かけた私は、読みかけのタイムズの上に座り、真夏の夜の夢に浸りました。

ハムステッドを行き交う女性たちは、なぜか白いロングスカートを風になびかせています。それが、きらめく街路樹の木漏れ日に反射して、目にまぶしく輝きます。

「おばあちゃんからギャルまで、白いスカートがこの街のトレンドなんでしょうか」

部長が興味深げに女性たちをジロジロ見るので、次回はタンスの奥に放り込んだ白いスカートを引っ張り出そうと考えています。

訪れた街の人たちの格好が気になりはじめるのは海外旅行に付き物の感覚。ウルムチのバザールで買った幅広スカーフ、グアムで値切ったロコの短パン。ウラジオストクの毛皮帽。買ったはいいけれど、東京で見ると興ざめして、使えないものだらけです。それでも性懲りもなく買ってしまう私。

これは永遠の在庫になるかと思っていましたが、ロンドンに持って行けば、どれもこれも違和感なく使えそうです。多民族の街なのだから、ファッションにもスタンダードはありません。

そんな事ばかりがグルグル頭の中を回ります。

懐かしいハムステッドのアンティーク・マーケットにも顔を出しました。二年前にスタッフと取材したアンティークのボタン屋さんです。訪ねていくと、『イギリス式節約お片付け』（宝島社）の本を持って来た読者の方が、ボタンをまとめ買いされたと歓待されました。

掲載写真にご主人はご満悦で、ビクトリア時代の喪服に付いていたジェット（黒い宝石）の黒ボタンを安くゆずって下さいました。

透かし模様でレースのようなシルバーのボタン。カット細工でダイヤモンドのようにきらめくボタン。テーブルの上にこれでもかとストックを並べられると、その魅力のとりこになってしまい、一つひとつ食い入るように見つめてしまいます。

私は遺跡や絵画の前で立ち止まる事はできません。それらを見続ける事は苦痛なのに、ボタンなら、何時間でも見ていられます。

結局、ボタン屋さんで一時間過ごし、三〇個近くの掘り出し物を買いました。帰ったら糸通し穴にピンを通してブローチにしよう。

移動中、地下鉄に乗っている間もうれしさの余り放心状態で、一個ずつボタンを取り出し眺めていました。

自律した生活のススメ

ロンドンに家を持つ事で、新たな生活がスタートしたのです。

金融アドバイス・ウェブサイト「lovemoney.com」が英国人三〇〇〇人を対象に行った調査結果によると、英国人が経済的に満足するためには、約五七万ポンド（八五五〇万円）の持ち家に住み、四万ポンド（六〇〇万円）の年収、約二万ポンド（三〇〇〇万円）の貯金や株や債券が必要という事です。

恐ろしく高い住宅価格に対して、貯金のほうは日本人に比べて少ない気がしますが、理想に届かない半数以上のイギリス人も、どうにかこうにか生活を送っているのが現実です。

これまで私は「イギリスの若者は一八歳になると家を出てひとり暮らしをはじめる」と、拙著の中で書いてきました。けれど、最近では一八歳から三〇代半ばまでの五人に一人が、経済的な事情から実家に居候しているそうです。しかもそれが恋人を作り、交際する事もままならない原因になっているとか。このようなパラサイト数が増えると、欧米人の必殺格安住まい術、ルームシェアという共同生活もさびれていくのでは、と案じます。

ＮＷ３エリアのドン、現地不動産会社の重鎮、ミスター・アル・カポーネ氏は、建物や街並みに厄介な規制をかけても、イギリスで不動産業は誰もが立ち上げられる。家はそれだけ重要だからだと言いました。

「人は公園で生きていくわけにはいかない。大きい、小さい、高い、安いにかかわらず、必ず住居は必要なのだ。人は食べるものがないと生きていけないし、寝て休まないと生きていけない。イギリスという国は、広い意味で衣食住の重要な部分を支援する。家を買いたい人は買いなさい、借りたい人は借りなさい、これは当たり前の事だ」

「家と暮らし」を考えてきた私にとっては、こんな意志的な言葉に激しく共感すると同時に、このような意見がなりを潜めた日本に不安を感じるのです。

イギリスの光と影

けれども拠点となったロンドンもいい事尽くしではありません。

二〇一〇年は驚くニュースを聞きました。

第一章でパラブの妻、ラニが嘆いていたように、貧しい人を過剰に保護するイギリスの政策には驚かされました。

報道によると、ソマリア共和国の亡命者が妻、七人の子どもらを連れ、超貧困地区にある家や地元の学校、店などが不服だとして、超高級住宅街ケンジントンにある推定価格二一〇万ポンド（三億一五〇〇万円）の三階建て住宅で暮らしているというのです。しかもその住宅補助を、イギリス政府が月額一二〇万円も支給しているというのですから何と不公平な事でしょう。

イギリスの法律では、生活保護に充てる費用の上限を定めておらず、失業すれば子どもの数など、条件によって高級物件に住める上、仕事をしないで裕福に暮らす事ができるのです。

　これに対し、地元住民は「我々は世界の中でも最も素晴らしい地区で暮らすため懸命に働いてきたのに腹立たしい限りだ」と、怒りの声を上げ、法改正を待ち望んでいると言います。

　これは当然の事です。ロンドンに拠点を持ってからは、行き過ぎたイギリスの福祉の裏側で、どんなに働いても重税を逃れられないというパラブのような、若い労働者の嘆きを聞いてきました。それがことさら住宅絡みの事となれば、納税者になった日には、私とて、強い不満を訴える事でしょう。

　まだあります。少し前の事ですが、他のイスラム社会で起きている「名誉殺人(honour killing)」で命を落とす女性が、イギリスでも増えてきているというのです。

　南アジア、中東、アフリカ出身の移民社会に生まれた若い女性たちが、所属する共同体に則さない振る舞いや、親や家族が決めた結婚相手を拒絶したなどの理由から家族に不名誉をもたらしたと判断されたとき、強烈な暴力行為を受け、究極的には殺害されるというものです。イギリスの政府はこれに対し、名誉殺人・暴行事件の捜査に関するガイドラインを設け、何とか対処しようとしています。

日本で仮に大量の移民を受け入れ、「名誉殺人」のような宗教観の違いから発生する事件が起きたなら、どう手を打つのでしょうか。

現在の内向き体質では、領土問題のように国家間の亀裂を引き起こすか、見て見ぬフリに終始するか、解決には至らないでしょう。

ロンドンにいると世界はもっと複雑で、文化や宗教や風習からくる理解し難い論理に、人生を支配されている人が大勢いるという事実に直面します。難解な問題に手をこまねき、移民を締め出し、国際社会から孤立していく日本に強い危惧を感じるのは、イギリス社会を通して常に日本を見ているからでしょう。

このようなイギリスの光と影が自分の中で鮮明になったのも、ロンドンに拠点を持ったおかげです。

本書は私が一九歳から追い求めてきた「イギリスに暮らす」という夢のはじまり――リフォーム工事などを通して、肌で感じたロンドンやイギリスの日常を綴りました。

今感じている事も、数年後にはすっかりお馴染みの風景となり、見えなくなってしまいます。

いつも来訪者の目でイギリスを描き続けた私ですがロンドンに住みはじめた当初から

「浮かれない」「ぼやけない」を信条につけた日記を読み返すたび、ロンドンの懐は想像以上に奥深く、いつも終わりのない旅の途中にいると感じています。

五輪を前に、さらに変貌しようとしている大都市ロンドンの、ハムステッドという田舎町で、これからも後半人生をゆっくりと耕していくつもりです。

二〇一一年春　ロンドンにて

井形　慶子

Terminal 3
Departures

文庫版あとがき

天井のタンクからポトン、ポトンと水が落ちる音。朝の騒がしいほどの鳥のさえずり、そして、上空を旋回する飛行機の音。それを聞くたび、ハムステッドにいるんだなと思います。

そして匂い。

私たちが暮らし始めてまもなく、ホーリーロウのドアを開けるたび、とてもよい香りが漂ってくるようになりました。石鹼《せっけん》とローズマリーの精油が入り混じったような、それは深い、幸せな香りです。東京に戻ってスーツケースを開けるたび、衣服に残ったそれは、ロンドンの我が家を思い出させ、懐かしく、少し切なくなります。

二五歳のとき、よちよち歩きの娘と訪れたイギリス。彼女を乗せたバギーを押しながらの道中は苦労の連続でしたが、この時の経験のすべてが、後々までずっと私の情熱をこの国へと向かわせたのだと思っています。

あれから二五年以上の年月が流れ、夢のひとつがカタチになり、今ではハムステッドの家なくして私の人生は考えられなくなっています。ハムステッドに念願のフラットを持った経緯は、『突撃！　ロンドンに家を買う』（講談社）に詳しく書きました。

ロンドンのフラット、ホーリーロウは、一度も直接見ないで購入しました。父親は何度も「よく、そんなことができたものだ」と呆《あき》れ返りますが、ネットで物件を発見したときの「これはいい！」という直感を信じ、猪突猛進で契約までこぎ着けたのです。

契約直後に渡英して、鍵の受け渡しをされたときが、家との初対面でした。

薄汚れたカーペット、黒ずんだバスルームのタイル、ボイラーも今一つ具合が良くないなどと、業者の方が一生懸命説明してくれました。けれど、それらの一つひとつは、ほとんど耳に入って来ず、満面笑顔で家中を見て回ったことを覚えています。

ロンドンを旅したときから、イギリスの古い住宅にはずっと憧れを抱いていました。それが現実になったんだ！　ああ、自分はここに住んでいいんだなと、変な話ですが、（自分が購入した家であるにもかかわらず）やっとイギリスに住んで良いという許可をもらったような、不思議な気分になりました。

本書にはその後のリフォームに始まり、ハムステッドの我が家を中心に新たな歩みを始めた日々を記しました。

今、読み返してみると、怒濤《どとう》の日々を、エネルギー全開で嬉々《きき》として渡り歩く自分にちょっぴり感心したりします。


単行本として本書が刊行されてまだ二年しか経っていないのに、この間、イギリスは絶えず世界中の注目を集めてきました。

二〇一二年六月にはエリザベス女王の在位六〇年を祝う祝賀行事がありました。英国各地ではユニオンジャックが飾られ、このダイヤモンド・ジュビリーを祝う「ビッグランチ」を楽しむ人々が、家族や近所の人達と食べ物や飲み物を持ち寄り、通りにテーブルを出して、祝賀ムードを盛り上げていました。

年間約四三〇件の公務をこなす八六歳（当時）の女王は、約八割の国民が支持を表明する、愛される君主です。ひところ、ダイアナ元妃の事故死により、君主制廃止論まで持ち上がったイギリスですが、その後も変わらず公務を全うする女王に、国民が心酔したビッグイベントでした。

偶然ロンドンに居合わせた私は、一七世紀以来、三五〇年振りという水上パレードを見ることができました。人のごった返すテムズ川沿い。何とかエリザベス女王を見ようと、同行された読者の方々と銅像の台座に陣取って、女王が現れるのを今か今かと待ち構えていました。

テムズ川にはオーケストラや聖歌隊を乗せた船、カヤック、漁船まで、約一〇〇〇隻が集まり、上空ではヘリコプターも編隊飛行を披露するという、世紀の一大ページェントに国民は大興奮。

待ちに待った女王は、一七世紀の王室船を模した金箔の特別専用船（ロイヤルバージ）に、夫のフィリップ殿下やチャールズ皇太子夫妻、ウィリアム王子、キャサリン妃らに囲まれて登場。歓声を送る市民の声に、立ったまま微笑《ほほえ》んでいらっしゃいました。当日は雨もパラつく肌寒い天気だったにもかかわらず、凛《りん》としたその雰囲気を一瞬でも見ることができた幸運は忘れないでしょう。

明けて七月には、同一都市での開催としては史上最多となるロンドン五輪が開幕。一七日間に渡り、ロンドンは世界の注目を集めることになります。

幸運にも私は、なでしこジャパンとアメリカのサッカー女子決勝戦を、ハムステッドに近いウェンブリースタジアムで見ることができました。

日本でもロンドン五輪を中心にイギリスの報道が過熱し、メディアから多くのインタビューやコメントを求められました。

「ロンドンの魅力はいったい何ですか」

そう尋ねられるたびに、正直なことをいえば、うまい言葉が思いつきませんでした。

確かにロンドンには、一生かかっても到達できないような歴史や深い文化力があります。古い家並みや、都心部とは思えないハイドパークなどの公園。バーバリーからキャスキッドソンまで、私たちの暮らしにもおなじみの英国ブランドなど、話題になるトピックは無限です。

けれど、私にとってのロンドンというのは、ハムステッドの自分の住まいから発するささやかな日常に変わっていたのです。それは世界の人が注目するどんなイベントにも勝《まさ》っていたと思います。

それをどう言葉に置き換えればいいか——。

いつも真ん中であり続けよう、訪問者と住人との、中間の目線を持って、ぶれることなくイギリスを見ようと思っていた私でしたが、正直なところ、それもおぼつかなくなっていたのかもしれません。

今年七月には、ウィリアム王子とキャサリン妃との間にロイヤルベビーが誕生しました。テレビのコメンテーターとして生放送に出演し、そのことに言及されたときも、私の脳裏をかすめたのは、キャサリン妃が王子を出産したセント・メリーホスピタルでした。

本番中に不謹慎と思われるかもしれませんが、世界中の報道陣が取り巻くこの病院こそ、赤ん坊だった娘が高熱を出した時に、滞在していたパディントン駅近くの安宿を駈《か》けだし、明け方おろおろしながら飛び込んだ病院だったのです。

今でも忘れられない、あの、薄暗い廊下や待合室。お金もろくにもっていない二〇代の私は、パスポートを出し、つたない英語で娘の窮状を訴えました。看護士や医師は救急病棟で私を安心させるべく、てきぱきと診察して、薬も持たせてくれました。

旅行保険が利くのかしら、サイフの中身はほとんど無い……と、心配していたところ、「お金はいりませんよ。イギリスは旅行者の診察も無料ですから」と、窓口の職員に言われた時の驚き。私たち親子が飛び込んだごく普通の病院で、かつてダイアナ妃が出産し、世紀のロイヤルベビーが今年誕生したのです。ゆるやかな階級制度が残るイギリスですから、なおのこと不思議に思いました。

ウィリアム王子もキャサリン妃も、アメリカではハリウッド俳優をしのぐ人気ぶり。高視聴率が取れるとあって、米ABCや有力紙などアメリカでは連日のようにロイヤルベビー関連ニュースを報じていました。

また、ロンドンのバッキンガム宮殿前にも、まるで追っかけのようにアメリカ人観光客が押し寄せるなど、人口が八〇〇万人を超えるロンドンは、世界で最も外国人観光客が訪れる都市。年間一四〇〇万人が世界各国から集まり、旅行者が落とすお金は一五〇億ポンド（約二兆二五〇〇億円）とも言われます。五輪やロイヤルウェディングなどビッグイベントのある、なしにかかわらず、ロンドンには常に人々を魅了する力があるのでしょう。

ジャマイカ、インド、パキスタン、バングラディシュなど英連邦国からの大量な移民を受け入れてきたロンドンは、今や外国人が二人に一人か、それ以上ともいわれ、三〇〇もの言語が飛び交う都市です。

帰路の飛行機で見る夢には、イングリッシュガーデンではなく、エキゾチックな目だけをのぞかせたアバヤをまとった中東の女性や、解読不可なアラビア語、ヒンドゥー語のミミズのような文字の看板が出てきます。

あれだけ牧草地や丘陵で草をはむ羊や、つたバラが絡まる愛らしいコテージを見たのに、なぜいつも同じ夢ばかり見るのかと思います。

ともあれ、このような夢には、他ならぬ素のロンドンが含まれていることは間違いありません。

さて、この三年間、イギリスに拠点ができたことで、新たなチャレンジに踏み出すことができました。その一つが「家」と同じく、幼少から興味の尽きなかった「服」づくりです。

こちらの人たちの家をたずねると、ベッドカバーやラグに至るまで、素晴らしいウールの織物をさり気なくインテリアに組み合わせ、イギリスならではの味を出しています。日を追うごとに素材への興味は募り、しまいには山あいの町、島々などの地場産業から生まれた羊毛やツィードの服ばかりに目が行くようになりました。

ハムステッドのパブやカフェで、年季の入ったツィードのジャケットや、カシミアのストールを巻く女性を見るたび、この生地の生産現場を見たいと、北はスコットランド、ボーダー地方まで出かけて織物工場を訪ね、イギリス中部ダービシャーでは、産業革命時代の織機で作られる、細かい細工のリバーレース工場にも出向きました。

また、ヨークシャーでは自ら羊を飼い、その毛を紡ぐ女性たちに「ウールはお金にならないけれど、伝えるべきイギリスの伝統工芸なのよ」といわれ、再び情熱に火がつきます。

その後はもう、自分の着たい、イギリスらしい服を、英国製生地で作りたいと、東奔西走。

ヨークシャーで見つけた一八世紀発祥の毛織物工場。そこで丹念に織られたウール生地を使って、ハムステッドの工房でデザイナーさんに作っていただいたコートドレス。そこはかとなくビクトリア時代の面影が漂うクラシカルなシルエットは、古い街並みから生まれた一着です。

まさか、好きが高じて自分の服まで作るとは思わなかった私は、アンティークのようなクルーニーレースをあしらったインナーまで完成させ、ハムステッドの老舗映画館から名を取り、「Everyman Everyman」という自分のブランドまで立ち上げてしまいました。

それもこれも、元はといえば、刺激的な装いを見せてくれたハムステッドの人たちと、ホーリーロウに暮らした結果です。

五〇代でスタートを切った東京とロンドンを行き来する暮らしが、行き着く果てはまだ見えません。けれど、日本にいてもヒースを見渡す小さな住まいが待っている。何があっても、戻れる確かな場所がイギリスにあるという感慨は、今も色あせることなく続き、五〇代を走り抜く力になっています。

人生はより長くなり、中高年の海外移住や留学も珍しくなくなりました。住みたい国を選ぶことは、私たちにとって一つの選択肢になったようにも思います。本書が読者の方々にとって、好きな国と関わる手がかりとなれば幸いです。

本書文庫化にあたっては、旅を愛し、パンを愛し、人生を謳歌する集英社文庫の山本智恵子さんに、たくさんのアイデアとご協力をいただきました。
この場を借りて心より御礼申し上げます。

二〇一三年冬　「ミスター・パートナー」編集部にて

井形慶子

この作品は二〇一一年五月、ホーム社より刊行されました。

地図・扉デザイン　原田恵都子
扉イラスト　押金美和

※本文中では、プライバシー保護のため人名等の固有名詞を一部仮名にしました。一ポンドは一五〇円で換算しています。

集英社文庫

ロンドン生活《せいかつ》はじめ！　50歳《さい》からの家《いえ》づくりと仕事《しごと》

2013年12月20日　第1刷　　定価はカバーに表示してあります。

著　者　井形慶子《いがたけいこ》

発行者　加藤　潤

発行所　株式会社　集英社

東京都千代田区一ツ橋2-5-10　〒101-8050

電話　03-3230-6095（編集部）

03-3230-6393（販売部）

03-3230-6080（読者係）

印　刷　凸版印刷株式会社

製　本　凸版印刷株式会社

フォーマットデザイン　アリヤマデザインストア　　マークデザイン　居山浩二

ISBN978-4-08-745146-7 C0195